"成渝双城经济圈"建设背景下的
重庆乡村旅游景观提升策略研究与实践

张振兴 著

延边大学出版社

图书在版编目（CIP）数据

"成渝双城经济圈"建设背景下的重庆乡村旅游景观提升策略研究与实践 / 张振兴著 . -- 延吉：延边大学出版社，2023.3
ISBN 978-7-230-04596-4

Ⅰ. ①成… Ⅱ. ①张… Ⅲ. ①乡村旅游—景观规划—景观设计—研究—重庆 Ⅳ. ① F592.771.9 ② TU982.29

中国国家版本馆 CIP 数据核字（2023）第 049674 号

"成渝双城经济圈"建设背景下的重庆乡村旅游景观提升策略研究与实践

著　　者：	张振兴
责任编辑：	柳明秀
封面设计：	文合文化
出版发行：	延边大学出版社
社　　址：	吉林省延吉市公园路 977 号　　邮　编：133002
网　　址：	http://www.ydcbs.com　　E-mail：ydcbs@ydcbs.com
电　　话：	0433-2732435　　传　真：0433-2732434
印　　刷：	天津市天玺印务有限公司
开　　本：	787 毫米 × 1092 毫米　1/16
印　　张：	14.5
字　　数：	220 千字
版　　次：	2023 年 3 月第 1 版
印　　次：	2024 年 3 月第 2 次印刷
书　　号：	ISBN 978-7-230-04596-4

定　　价：79.00 元

前 言

　　乡村旅游起源于19世纪中期的欧洲，慢慢发展成为一种重要的休闲旅游类型和能够实现乡村振兴的重要手段。特别是二战以后，很多国家学术界开始关注乡村旅游，重点是乡村旅游对乡村经济发展和就业的影响。我国乡村旅游发展虽然起步较晚，但自改革开放后，随着经济的全面发展，乡村人居环境建设的不断推进，国家对乡村区域的战略布局为乡村旅游发展带来契机。习近平总书记在党的十九大报告中提出了乡村振兴战略，要求促进农村经济不断发展、政治更加民主、村民安居乐业、生态环境更加和谐。中共中央、国务院印发的《关于实现巩固拓展脱贫攻坚成果同乡村振兴有效衔接的意见》(2020年12月16日)提出"实现乡村产业兴旺、生态宜居、乡风文明、治理有效、生活富裕，从集中资源支持脱贫攻坚转向巩固拓展脱贫攻坚成果和全面推进乡村振兴"的发展目标。新时代社会主义新农村建设升级，乡村旅游已然成为其中的生态优势产业，也将是未来多元旅游经济市场的重要发展方向。

　　本书通过分析国内乡村生态经济发展需求和"后疫情时代"旅游市场格局变化对乡村旅游景观的影响，从旅游开发模式、两极化现状和文化吸引力三个方面剖析当前乡村旅游景观发展面临的主要问题。在"成渝双城经济圈"区域协作建设背景下，以重庆部分乡村地区为研究对象，从旅游"景观资源圈"构建、"巴渝乡村文化景观新走廊"推动发展、"景观品牌化"共建、"艺术+"模式乡旅打造、"沉浸式"旅游机制营造和"轻干预式"生态景观规划等六个方面，提出旅游景观发展策略。结合乡村旅游小镇类、休闲体验类、田园观光类和乡村公园类四个实际项目设计，研究乡村景观与旅游深入融合的发展模式，探索以旅彰文、以旅促产和以旅惠农的新型乡村旅游景观发展道路。

　　本书系重庆市教育委员会人文社会科学研究项目：成渝双城经济圈建设背景下重庆乡村旅游景观提升策略研究（项目编号21SKGH316）的研究成果之一。

2023年2月于重庆外语外事学院

CONTENTS
目 录

第一篇　乡村旅游景观相关概述及发展背景

1　相关概念释义 ……………………………………………… 2

2　国内外乡村旅游景观相关研究背景 ……………………… 9

3　乡村旅游景观研究的学术理论基础 ……………………… 23

4　国内乡村旅游景观的发展需求 …………………………… 29

5　当前国内乡村旅游景观发展面临的主要问题 …………… 31

6　对重庆部分区域乡村旅游景观发展中存在问题的调研 … 33

第二篇　乡村旅游景观发展策略研究——以重庆地区为例

7　衔接区域资源，构建乡村旅游"景观资源圈"发展策略 …… 42

8　协同区域文化资源，推动"巴渝乡村文化景观新走廊"

　　发展策略 …………………………………………………… 51

9　联合"政、企、校、村"多向发展，共建乡村旅游"景观品牌化"

　　策略 ………………………………………………………… 60

10　打造多类型"艺术＋"模式乡村旅游景观发展策略 ……… 64

11　营造乡村旅游"沉浸式"体验景观发展策略 ……………… 80

12　规划"轻干预式"农旅生态旅游景观发展策略 …………… 86

第三篇　乡村旅游景观规划设计实践研究——以重庆地区为例

13　乡村旅游小镇类——重庆涪陵区蔺市旅游小镇景观规划设计研究 ⋯⋯⋯⋯ 96

14　乡村休闲体验类——重庆巴南区二圣镇茶园旅游景观改造设计研究 ⋯⋯⋯⋯ 145

15　乡村田园观光类——重庆潼南区乡村油菜花景观规划设计研究 ⋯ 164

16　乡村旅游公园类——重庆市巴南区界石乡村旅游公园景观规划设计研究 ⋯⋯⋯⋯ 184

参考文献 ⋯⋯⋯⋯ 219

后　记 ⋯⋯⋯⋯ 225

第一篇
乡村旅游景观相关概述及发展背景

1 相关概念释义

1.1 乡村

《说文解字》中对"乡"的解释是"国离邑民所封乡也。啬夫别治封圻之内六乡六卿治之";对"村"的解释是"邨,地名",特指"乡"式生活和"乡"式社会存在的空间场所,所以乡村也作"乡邨",进一步说"村"是"乡"之生产生活、社会制度所形成的乡村生态(包括自然生态和社会文化生态)的空间载体。

而从现代学科研究方向界定的概念及领域范围又有所差异,"乡村"概念因此具有了定义多重性,如从农业、农民、农村等视角进行职业定义,可从乡村土地的利用形式视角进行生态定义,也可从乡村边界划分视角进行行政定义,还可从乡村社会结构与社会关系等视角进行社会人文定义。从现代社会城市化发展进程看,乡村有别于城市,它是居民以农牧业和手工业等经济为基本生产生活内容的"非城市化"聚居区。

相比城市而言,乡村有以下几个特点:第一,人口相对稀少。虽然南北方聚落形态存在差异,但居民点大都分散在农业生产的环境之中,具有田园风光特色。第二,家族聚居的现象较为明显,地方文化习俗底蕴较浓厚,多数地区有一些特定的本土风俗习惯。第三,工业、商业、金融、文化、教育、卫生事业的发展水平较低,但自改革开放以来,国家对"三农"出台了一系列扶持政策,乡村整体经济文化风貌有较大的改变。

随着中国城镇化的不断推进,我国乡村中劳动力人口产生快速流动,机械化农业生产给传统农业模式带来了较大影响。如今的乡村不仅承载着农业生产活动,还从事着部分非农业生产活动。从社会学角度层面来讲,乡村是处于城市外缘或城市之间,以相对独立的身份行使一定行政组织工作的基层单位,它既包含从事农业生产为主的聚居点,又包含以乡村聚居点为中心的外围管辖区域。在我国，通常将县级以下的农村区域称之为乡村，主要有乡镇、自然村及其周边附属区域。与城市相比，乡村有着较为完整的生态循环属性，可以实现自给自足的社会经济循环。在文化方面，乡村的社会结构较为单一，文化传承固有性强，传统文化观念所带来的影响较持久，但乡村文化风俗依然作为重要载体传承着观念与传统。

1.2 乡村景观

景观（Landscape）一词来源于德文（Landschaft），是指某一片土地上的风景和景色。实际上，"景观"一词最早出现在希伯来文本的《圣经》旧约全书中，最初被用来描述耶路撒冷的瑰丽景色，这里的"景观"含义等同于英语中的"Sceney"，同义于中国汉语中的"风景""景色"等。《说文解字》中对"景"的解释是"光也。从日京声"，对"观"的解释是"谛视也。从见雚声"，是指人类视觉上对环境美的感受和理解。《辞海》中对景观的解释是："某地或某种类型的自然景色，泛指可供观赏的景物"。国内学者俞孔坚、李迪华在《景观设计：专业学科与教育》一书中指出，景观（Landscape）是指土地及土地上的空间和物体所构成的综合体。它是复杂的自然过程和人类活动在大地上的烙印。景观是多种功能（过程）的载体，因为可被解释和表现：风景，视觉审美过程的对象；栖居地，人类生活其中的空间和环境；生态系统，一个具有结构和功能、具有内在和外在联系的有机体系；符号，一种记载人类过去、表达希望与理想、赖以认同和寄托的语言与精神空间。

乡村景观是以乡村自然生态环境为背景，以乡村居民生活聚居地为核心，以农业生产环境为主要特征，同时展示与传承乡村特有历史文化的环境景观综合体。广义上指除城市景观群之外的乡村区域景观类型，指乡村地域范围内不同土地单元镶嵌而成的嵌块体，包括乡村聚落景观、乡村田园、农业景观、乡村建筑、农耕民俗文化景观和自然生态景观等，是人类长期聚居活动的重要生态空间。

乡村景观是乡村地区范围内，社会、经济、文化、习俗、自然等多种现象的综合表现。乡村景观研究在地理学与生态学中有着悠久的历史，美国地理学家索尔，C.O.创立了美国人文地理学的景观学派，并对历史地理学做过重要研究。其在著作《景观的形态》中认为，文化景观是"附加在自然景观上的人类活动形态"。此后，欧美地理学家和景观学者把乡村文化景观扩展到乡村景观，由于劳动生产方式的差异，乡村和城市所呈现出来的景观才有所不同。所以，乡村景观既需要指向其城乡地域特殊性，也要指向景观类型性；既需关注客观的物质景观因素，也需关注主观的景观成分。不同学者从不同学术角度对乡村景观进行了界定（见表1-1）。

表1-1 乡村景观相关概念界定表

学者	乡村景观概念阐述	学科范畴	主要内容及特征表现
贝尔格等	占有一定地区的一组相互联系的环境形成的自然综合体	地理学	地方气候、地形土壤、植物和动物等
韩丽等	从人类审美意识系统出发，乡村景观是作为审美信息源而存在。自然田园风光是乡村景观中最主要的构成部分，是乡村旅游景区建设的基础	风景美学	以山水、田园、村落、建筑、乡土文化为主体的景观美学评价、开发和利用研究
金其铭等	在乡村地区具有一致的自然地理基础、利用程度和发展过程相似、形态结构及功能相似或共轭、各组成要素相互联系、协调统一的复合体	地理学	客观方面包括地理位置、地形、水土、气候、动植物、人工物等，主观层面包括经济发展程度、社会文化、生活习俗
王云才	城市景观以外的空间，是聚落形态由分散的农舍到能够提供生产和生活服务功能的集镇所代表的地区，是以农业为主的生产景观和粗放的土地利用景观为主的类型	地理学及规划学	包括乡村聚落景观、经济景观、文化景观和自然景观；是人文景观与自然景观的复合体，以自然环境为主；特征是土地利用粗放，人口密度较小，具有明显田园特色的地区

续表

学者	乡村景观概念阐述	学科范畴	主要内容及特征表现
刘滨谊	可开发利用的综合资源，是具有效用、功能、美学、娱乐和生态五大价值属性的景观综合体，是在乡村地域范围内与人类聚居活动有关的景观空间，包含乡村的生活、生产和生态3个层面	景观建筑学	包括乡村聚落景观、生产性景观和自然生态景观，特征是与乡村的社会、经济、文化、习俗、精神、审美等密不可分
谢花林等	乡村地域范围内不同土地单元镶嵌而成的复合镶嵌体，既受自然环境条件制约，又受人类经营活动和经营策略影响，镶嵌体的大小、形状和配置上具有较大的变质性；兼具经济价值、社会价值、生态价值和美学价值	景观生态学	乡村景观生态系统是由村落、林草、农田、水体、畜牧等组成的自然—经济—社会复合生态系统

1.3 乡村旅游

乡村旅游一般认为是发生在乡村地区（地域空间特征）的、以"乡村性"（自然及社会文化特征景观）为旅游吸引物的旅游活动。乡村旅游一般认为是以旅游度假为目的，以乡村空间为旅居载体，是游客了解乡村民情、礼仪风俗，观赏乡村生态美景，体验乡村生产生活等活动，品尝乡土生态美食，探索乡野乐趣的一种游乐模式。

世界经济合作与发展委员会（OECD，1994）将乡村旅游定义为：在乡村开展的旅游，田园风味（rurality）是乡村旅游的中心和独特的卖点。国外乡村旅游起步较早，各个国家发展模式也不同。例如，在荷兰，乡村旅游是指在农场里进行野营、步行、骑自行车或骑马参观农牧场的活动；在希腊，乡村旅游主要是指在传统的民居里住宿、品尝农家美食的活动；在芬兰，乡村旅游是指把闲置村舍出租给旅游者，并为旅游者提供膳食服务，带领旅游者开展户外探险的活动。国内乡村旅游发展初期，学者曾一度将农业旅游、农家乐等与乡村旅游的概念混淆。近几年，随着乡村旅游市场的发展成熟，学术研究与项目实践日渐深入，对其概念的定义也更加准确。

乡村旅游作为一种新型旅游形式，从它最初发展至今，就表现出很多独特性，如资源特色、产品特点、市场特征等各个方面。这些独有的特点，使得乡村旅游成为全球发展最快、最受欢迎的旅游活动形式。国内外学术界对乡村旅游还没有完全统一的定义，各个国家的国情不同，文化环境各异，发展模式和旅游规模也有所区别，因此，国内外学者对乡村旅游的学术概念界定也存在一定的差异（见表1-2）。

表1-2 乡村旅游相关概念的界定表

学者	乡村景观概念阐述
Gilbert and Tung（西班牙）	乡村旅游（Rural tourism）是农户为旅游者提供食宿等条件，使其在农场、牧场等典型的乡村环境中从事各种休闲活动的一种旅游形式
Arie Reichel（以色列）和Ady Milman（美国）	乡村旅游就是位于农村区域的旅游。具有农村区域的特性，如旅游企业规模要小、区域要开阔和具有可持续发展性等特点
Bramwell和Lane（英国）	乡村旅游不仅是基于农业的旅游活动，还是一个多层面的旅游活动，它除了包括基于农业的假日旅游外，还包括特殊兴趣的自然旅游、生态旅游，假日步行、登山和骑马等活动，探险、运动和健康旅游，打猎和钓鱼，教育性的旅游，文化与传统旅游，以及一些区域的民俗旅游活动
Cannon（美国）	乡村旅游是指旅游者在乡村及其附近逗留、学习、体验乡村生活模式的活动，该村庄也可以作为旅游者探索附近地区的基地
杜江	乡村旅游是以农业文化景观、农业生态环境、从事生产活动以及传统的民族习俗为资源，融合观赏、考察、学习、参与娱乐、购物和度假等于一体的旅游活动
何景明	乡村旅游是指在乡村地区，以具有乡村自然和人文客体为旅游吸引物的旅游活动
唐代剑	乡村旅游是一种凭借城市周边以及比较偏远地带的自然和人文资源，面向城市居民开发的集参与性、娱乐性、享受性、科技性于一体的休闲旅游产品，它的本质特征是乡土性

续表

学者	乡村景观概念阐述
张述林等	乡村旅游是具有广博性、参与性、地域性、季节性和亲民性的一种旅游活动
刘德谦	乡村旅游的核心应该是乡村风情（乡村的风土人情）；乡村旅游就是以乡村地域及农事相关的风土、风物、风俗、风景组合而成的乡村风情吸引物，吸引旅游者前往休息、观光、体验及学习等的旅游活动
郭焕成	乡村旅游是指以农村社区为活动场所，以乡村田园风光、森林景观、农林生产经营活动、乡村自然生态环境和社会文化风俗为吸引物，以都市居民为目标市场，以领略农村乡野风光、体验农事生产劳作，了解风土民俗和回归自然为旅游目的的一种旅游形式

1.4 乡村旅游景观

乡村旅游景观的形态构成，是乡村生态系统下的人文与自然空间的形态构成。乡村旅游景观是以乡村景观为载体，通过景观规划设计开发资源进行旅游活动，探索乡村乐趣，回归乡野本真，创造具有生态价值、经济价值和社会价值的景观模式。

从乡村旅游景观的构成要素方面进行概念释义的话，主要分为乡村自然景观要素、乡村建筑景观要素、乡村生产景观要素和乡村文化景观要素四个方面。

（1）乡村自然景观要素

自然景观的构成要素包括气候、水、植被、岩石和土壤等。乡村自然景观是天然生态景观和乡村农耕生产生活景观自然方面的总称。天然景观是指相对纯自然，未受到或少受到人类活动直接或间接影响，原有自然风貌未发生明显变化的景观，如高山、草原、荒漠、湿地、湖泊、森林以及某些自然保护区等。人为自然景观是指受到人类直接影响和长期作用，使自然场地风貌发生明显变化的景观，如乡村聚落、农田、果林、水塘等景观。

（2）乡村建筑景观要素

从人类发展进程看，乡村聚落的形成要早于城市建筑群。在其自然发展的过程中，因各个地区环境风貌的差异，造就了乡村建筑的不同结构形态。在"大尺度的生态环境"下，它们的共同点是乡村聚落建筑都能够与周边自然生态和谐共生。如圆形住宅建筑、纵长方形住宅建筑、横长方形住宅建筑、曲尺形住宅建筑、三合院住宅建筑、四合院住宅建筑、三合院与四合院的混合体住宅建筑、环形住宅建筑、窑洞式穴居建筑、吊脚结构建筑等。建筑的功能经历了最初的生存需求，到舒适需求，再到审美需求，从"园囿"到"园林"，人类始终在追求和建筑相关的景观之美。乡村聚落民居周围景观大都环境宜人，古香古色建筑成群，绿树成荫，溪流潺潺，鸡犬相鸣，慢节奏"桃花源"般的惬意生活也成为城市旅游者向往的地方。

（3）乡村生产景观要素

生产景观自始至终都贯穿了人类农耕文明的进程，传统农业文明传承下来的生产文化是乡村旅游的重要文化载体。现代农业的机械化生产改变了传统的农耕方式，碾子、石磨、风车，以及锄、镰、锨、撅、犁、篓、耙、筐、扁担、辘护、木制独轮车等传统农具也慢慢成为过往，多种多样的传统生产材料愈来愈受到重视和保护，原生态、原风貌、原生产等类型的乡村农耕景观逐渐成为旅游的新热点。

（4）乡村文化景观要素

除乡村物质景观要素外，非物质要素在乡村旅游景观的构成要素中也占有相当大的比重。构成乡村旅游景观的非物质要素主要体现在精神、文化、生活等层面，如宗教、艺术、哲学、语言、文字、风俗、节庆、道德、民间技艺等。这些因素是乡村旅游景观的非物质内核，是无形底蕴。又如在民间长期口口相传的诗歌、神话、史诗、故事、传说、谣谚等；传统的民间音乐、舞蹈、戏剧、曲艺、杂技、木偶、皮影等表演艺术；世代传承的节日庆典、丰收活动、人生礼仪、岁时活动；传统的手工艺技能等。

2 国内外乡村旅游景观相关研究背景

2.1 国外乡村旅游景观相关研究背景

国外乡村旅游起步较早,在 19 世纪工业革命时期就已经初具规模。伴随着工业化进程和现代旅游景观的发展,诞生了许多成功模式。20 世纪 50 年代,学者们掀起一股研究乡村旅游的热潮,欧美、日韩等国家结合自身旅游资源,创造了许多成功的项目案例。乡村旅游景观的类型也趋于多元化,如欧洲农庄注重乡村体验性项目的打造,美国注重民俗节庆的旅游活动,澳洲不少庄园将乡村旅游与产业特色完美融合,新加坡提出"复合农业园区"模式,日本在发展过程中提出以生态交流型为主的"绿色旅游"等,不同国家的发展类型各有差异(见表 1-3)。

表 1-3 国外乡村旅游景观发展类型与模式特点

国家	发展类型	模式特点
美国	民俗节庆型	开辟大型郊游区供游钓、野营、骑马等郊游活动;开展农场、牧场旅游;每年参加农业旅游的人数达到两千多万人次。美国南瓜节、草莓节和樱桃节是民俗节庆型农业旅游的典型。旧金山半月湾南瓜艺术节是世界著名的农业旅游节庆活动之一
英国	休闲旅游型	英国是世界上发展农业旅游的先驱国家。高度发达的城市化为农业旅游提供了庞大的目标市场。英国在伦敦城郊沿绿环带建有一大批公园和野餐地,供市民游憩
德国	社会生活功能型	德国政府在倡导环保的同时,大力发展创意农业。主要形式是休闲农庄和市民农园。市民农园利用城市或近邻区的农地,规划成小块出租给市民。承租者可在农地上种花、草、蔬菜、果树等,或经营家庭农艺。通过亲身耕种,市民可以享受回归自然以及田园生活的乐趣
法国	环保生态型	法国的农业十分发达,是仅次于美国的世界第二大农产品出口国,农业产量、产值均居欧洲之首。法国成立休闲农业常设会议机构;在城郊建了许多观光果园,专供游客观光、尝鲜,品酒休闲;每年可以给法国农民带来 700 亿法郎的收益

续表

国家	发展类型	模式特点
意大利	绿色假期型	意大利在1865年就成立了"农业与旅游全国协会"，意大利的"绿色假期"始于20世纪70年代，发展于20世纪80年代，到20世纪90年代已成燎原之势
荷兰	高科技创汇型	在荷兰，创意农业发展模式为高科技创汇型。荷兰是世界著名的低地国家，全国有四分之一的国土位于海平面之下，人均耕地面积仅一亩多。相对较差的农业条件，促使荷兰在农业方面不断创新，从而走上创意农业之路，并成为世界农业领先大国，在美国、法国之后，居世界第3位
日本	"第六产业"型	日本东京大学名誉教授、农业专家今村奈良臣早在20世纪90年代就首先提出了"第六产业"的概念，指出可以通过三个产业的相互融合，提升农产品附加值，改变农业的发展前景。"第六产业"是日本当下正着力推进的新型农业。"第六产业"的诞生，让人们发现了创意农业的可能性，通过激发农业活力，增强了地方经济发展动力。因此，日本有越来越多的企业、资金、人才开始进入到日趋活跃的"第六产业"
韩国	"以奇制胜"型	韩国发展休闲农业的经典形式为"周末农场"和"观光农园"，以江原道旌善郡大酱村为例：大酱村以"奇"为突破口，用"和尚与大提琴家共同经营""开展三千个大酱缸为背景的大提琴演奏会"的创意抓住游客的好奇心，并利用当地的原生材料，采用韩国传统手艺制作养生食品的方式腌制大酱、泡菜，这样既符合现代人的养生学，还让游客亲临原初生活状态下的大酱村，同时节省资本、传承民俗文化特色

  20世纪末到21世纪初，国外不同国家的学者与规划师重新审视乡村旅游景观的发展，对乡村旅游景观规划进行市场和项目研究；乡村旅游规划与生态环境保护；乡村旅游的社区参与规划；乡村景观演变动力机制；乡村景观育人、文化、建筑等主体相互作用；乡村聚落地理研究；景观生态规划格局研究；乡村旅游景观规划适应性研究；乡村历史文化建筑遗产的保护；乡村保护与景观发展理论等方面进行了相关学术理论与实践项目研究（见表1-4）。

表1-4 国外乡村旅游景观的相关研究

研究方向	代表学者	观点/主要研究内容
乡村旅游规划中的市场和项目研究	William	研究者通过乡村旅游供应商的视角，认为乡村旅游景观规划时应多开发一些体验性的项目，甚至设立乡村旅游景观体验标准，让游客更多地体会乡村
	Macdonald和Jollffe	研究者对西方乡村旅游景观规划项目类型进行了研究总结，主要包括庄园旅游、古堡旅游项目、牧场旅游等
	Didascalou和Lagos	研究者认为在规划乡村旅游景观项目之前，应评估乡村旅游者的各种特征，并考虑乡村旅游细分市场，以确保乡村旅游景观市场开发具有正确的方向
乡村旅游规划与生态环境保护	Josed、Garcia和Lisa	研究者以西班牙的埃斯特雷马杜拉为样本，通过影像图分析游客在某些景观处的聚集程度来评判景观规划是否合理，并设计合理的旅游线路；以哥斯达黎加奥斯蒂欧那的乡村地区为例，讨论了该地区乡村旅游景观发展中的生态问题，并认为乡村地区的生态保护是乡村旅游具有吸引力的首要条件。因此，在乡村旅游景观规划中必须要考虑生态环境保护的问题
乡村旅游的社区参与规划	Domald和Heather	研究者归纳建立了一个评估乡村社区参与到当地乡村旅游景观规划程度的体系。通过该体系的分析与监管，可以有效地促进以乡村社区为中心的当地乡村旅游景观规划能更好地实施，并为当地社区居民带来更多的经济利益。作者最后又选取了加拿大的几个可以开展乡村旅游的地区，作了实证研究与分析
	Bourut	研究者尝试制定出农村地区旅游目的地的创新组织形式，并认为只有创新社区参与乡村旅游的模式，才能促进当地乡村旅游景观的可持续发展
	Murphy	研究者提出应将利益相关者理念运用于乡村旅游景观社区规划中，并提出了生态社区规划法。该方法强调生态社区的建立在乡村旅游景观发展中的重要性
乡村景观演变动力机制	Nelson	研究者强调用经济、人口统计学和环境驱动力三维组合的方法重构乡村景观，认为流动人口的力量正在转变着区域的社会文化景观
	Isabl和Sabin	研究者发现导致乡村景观发生变化的主要动力来自三个方面：农业耕作的增强或废弃、城市化对景观构成的改变和地方保护政策的作用
	Olmsted	研究者认为，设计应基于人类心理学的基本原则之上，才会使景观体验更为深邃

续表

研究方向	代表学者	观点/主要研究内容
乡村景观育人、文化、建筑等主体相互作用	Ruda	研究者认为,乡村聚落保持可持续发展,必须对传统建筑风貌、当地社区、历史传统及本土文化进行保护
乡村聚落地理研究	K. Eva	研究者提出经济社会转型期的到来引发的乡村聚落景观重构问题
	L. Brown	研究者通过对战后社会重建与人口再分布进行研究,关注人文社会发展趋向对乡村聚落的影响作用
景观生态规划格局研究	Forman	研究者提出一种基于乡村生态空间理论的集中与分散相结合的最佳生态土地组合与乡村景观规划模型理念
乡村旅游景观规划适应性研究方向	Tress B 和 Tress G	研究者利用跨学科的方法、综合集成的方法,研究了丹麦乡村旅游景观规划,认为景观规划师应与旅游规划专家、地方决策者和利益相关者通力合作进行乡村旅游景观规划,以保障乡村旅游景观规划的旅游化与合理性
	Hochtl 和 Lehringer	研究者通过对阿尔卑斯山旅游规划的原生性和乡村性等问题的研究,认为规划和发展中都没有体现出当地独特的乡村韵味
乡村历史文化建筑遗产的保护	Viollet Le Duc	研究者主张注重乡村古建筑风格、形式、结构修复,适应当代使用功能需求,使乡村建筑有现代活力
	John Ruskin 和 William Morris	研究者主张保护乡村古建筑原有风貌,用"保护"代替"修复",保持乡村建筑的历史面貌
	Gustavo Giovannonl	研究者主张对古城、环境、建筑的统一保护修复,保护乡村建筑本身和乡村环境之间的历史文脉。在修复过程中,要尊重乡村历史建筑的真实性
	Saleh	研究者论述了从心理学、人类学等学科角度,结合建筑学理论,综合考虑生态、经济、社会和文化等影响因素,指导传统乡村村落建筑的更新保护建设方法

续表

研究方向	代表学者	观点/主要研究内容
乡村保护与景观发展理论	藤井明	研究者在《聚落探访》书中阐述对传统乡村聚落内部空间的布置、领域划分；分析聚落空间秩序、聚落的社会结构、宗族制度、居民信仰等方面的内容
	进士五十八、铃木诚和一场博幸	研究者在《乡土景观设计手法》一书中提出营造具有乡村景观地域性、乡土性和舒适性的景观技术与设计方法
	John Brinckerhoff Jackson	研究者在《发现乡土景观》一书中提出了乡土景观是生活在土地上的人们无意识地、不自觉地、无休止地、耐心地适应环境和冲突的产物概念
	Randall Areendt	研究者提出针对小城镇和乡村居民点，进行自然与文化保护、规划与设计，以及如何保持乡土特色景观

近几年，国外乡村旅游景观市场涌现出很多成功案例，旅游模式大致可分为农业旅游（Agrotourism）、农庄旅游（Farm Tourism）、绿色旅游（Green Tourism）和乡村风俗旅游（Rural Custom Tourism）等类型（见表1-5）。国外多元化的乡村旅游景观开发模式对我国乡村旅游发展建设有一定的借鉴意义，但由于我国明显不同于国外的旅游消费特色，因此，需探索适合中国乡村旅游发展的区域化本土模式。

表1-5 近几年国外乡村旅游相关的模式分类

国外乡村旅游模式	相关案例
农业旅游	美国Fresno农业旅游区、Prairie Crossing
农庄旅游	日本小岩井农场、德国施雷伯田园
绿色旅游	意大利托斯卡纳、翁布里亚
乡村风俗旅游	日本白川荻町、古川町小镇；加拿大纽芬兰福岛

2.2 国内乡村旅游景观相关研究背景

我国乡村旅游发展虽然起步较晚，但自改革开放后，随着经济的全面发展，乡村人居环境建设的不断推进，国家对乡村区域的战略布局为乡村旅游发展带来了新的契机。习近平总书记在党的十九大报告中提出了乡村振兴战略，要求促进农村经济不断发展、政治更加民主、村民安居乐业、生态环境更加和谐。这里，笔者试从政策导向方面和学术研究方面来分析国内乡村旅游景观的相关发展与研究背景。

（1）政策导向方面

2015年中央一号文件提出，要积极开发农业多种功能，挖掘乡村生态休闲、旅游观光、文化教育价值。

2016年中央一号文件强调，大力发展休闲农业和乡村旅游。强化规划引导，采取以奖代补、先建后补、财政贴息、设立产业投资基金等方式扶持休闲农业与乡村旅游业发展。

2018年12月，国家发展改革委等13个部门联合印发《促进乡村旅游发展提质升级行动方案（2018年—2020年）》，提出"鼓励引导社会资本参与乡村旅游发展建设"，加大对乡村旅游发展的配套政策支持。此前，2018年中央一号文件明确提出关于"实施休闲农业和乡村旅游精品工程"的要求。

根据中商产业研究院发布的《2019—2024年中国乡村旅游市场前景及投资机会研究报告》指出，休闲农业和乡村旅游发展态势良好。当前，我国休闲农业蓬勃发展，规模逐年扩大，功能日益拓展，模式丰富多样，内涵不断丰富，发展方式逐步转变，呈现出良好的发展态势。乡村旅游快速扩张增加了旅游收入，解决就业问题，带动了当地经济发展，同时也暴露出许多问题。

对此，中共中央、国务院印发的《关于实现巩固拓展脱贫攻坚成果同乡村振兴有效衔接的意见》（2020年12月16日）提出"实现乡村产业兴旺、生态宜居、乡风文明、治理有效、生活富裕，从集中资源支持脱贫攻坚转向巩固拓展脱贫攻坚成果和全面推进乡村振兴"的发展目标。新时代社会主义新农村建设升级，乡村旅游已然成为其中的生态优势产业，也将是未来多元旅游经济市场的重要发展方向。据文化和旅游部统计，全国城市居民周末休闲和节假日出游，70%以上选择在周边的乡村旅游；北京、上海、成都、广州和杭州等发达城市居民周末出游80%以上选择乡村，主要城市周边的乡村旅游接待量年均增长20%以上。乡村旅游的发展促进了"美丽乡村"景观建设、产业升级和人才回流，带动了城乡经济文化交流，景观生态价值得到了提升。

对于西南地区而言，随着中央关于推进"成渝地区双城经济圈建设"战略布局，两地在乡村人居环境基础建设、产业转型和旅游景观提升等方面将会有更多交集。面对川渝地区城镇化速度的加快，除了城市旅游的快速发展，具有特色乡土味道的旅游模式也日渐兴盛。2019年6月中商产业研究院发布的相关研究表明，2018年重庆市乡村休闲旅游业接待突破2.05亿人次，综合旅游收入677亿元，连续5年年均增长15%以上，实现了从乡村旅游1.0版本到乡村旅游2.0版本的转变。休闲农业与乡村旅游从业人员达到130万人，带动100万农民就业，33万贫困人口脱贫增收。

（2）学术研究方面

从文献数据看，近几年国内关于乡村旅游景观的学术研究成果呈递增趋势，国内学者从不同切入点对其多向研究，如乡村景观开发与保护研究方向、乡村休闲旅游景观研究方向、乡村文化旅游景观研究方向、乡村生态旅游景观研究方向、乡村旅游景观美学研究方向和乡村特色旅游村镇研究方向等（见表1-6）。综合国内乡村旅游的现状和其他学者的研究成果，乡村旅游类型可归纳为：以绿色景观和田园风光等自然资源为主题的观光型乡村旅游；以农庄或农场旅游为主，包括休闲农庄、观光果园、茶园、花园、休闲渔场、农业教育园、农业科普示范园等，体现休闲、娱乐和增长见识为主题的乡村旅游；以乡村民俗、乡村民族风情以及传统文化为主题的乡村旅游和以民俗文化、民族文化及乡土文化为主题的乡村旅游；以康体疗养和健身娱乐为主题的康乐型乡村旅游。

表1-6　近几年国内乡村旅游景观相关的学术研究

研究方向	代表学者	观点/主要研究内容
乡村景观开发与保护研究方向	孙志远（2017）	研究者通过探讨科学发展观指导下的广西乡村景观开发与保护策略，对健全国内乡村生态旅游理论体系，促进各地乡村景观旅游的可持续发展，实现乡村地区景观资源开发与保护协调一致提供理论参考。采用实地调查法和问卷调查法，以广西为例对其乡村景观要素民众喜好程度以及乡村景观开发、破坏和保护程度进行调研和资料收集。在乡村旅游体验中，游客对乡村自然风光尤为喜欢，大多数游客很喜欢参观极具民族特色的村落建筑，体验民风民俗，品尝农家美食，参与农村劳作。在这一系列活动中，让自己缓解紧张的工作压力，呼吸乡野新鲜空气，欣赏乡村自然风光。广西超过50%的乡村景观资源开发层次不够深入，属于轻度开发状态，早先已经开发的景观资源又遭到了不同程度的破坏，而且这些景观所在的村寨原本和谐的自然生态环境也遭到了毁坏。大部分乡村景观资源没有得到有效保护，即使采取了相关措施，也是表面工作，并没有从根本上解决问题。很多游客热衷于乡村生态旅游，喜欢体验农村生活，但是作为乡村旅游基础的乡村景观并没有得到很好的开发和保护，导致旅游资源受损，生态环境遭到破坏，需要采取相关的办法和措施切实保护乡村环境和景观资源
	张军以周奉王腊春（2018）	研究者认为，如何实现乡土景观的保护与可持续发展是乡村旅游可持续发展的关键。通过探讨乡村旅游中乡土景观的内涵、特性及演化发展，认为乡土景观的保护要着眼于乡土景观依存的内核乡村文化来开展，考虑乡村文化和时代文化变迁的影响，在认识并遵循乡土景观发展规律的前提下进行保护，既不能静态搁置，也不能被博物馆化。乡土景观应被赋予自身适应变化环境的权利，才能实现乡土景观随时代发展而发展的要求，最终实现乡村旅游的可持续发展
	毕善华黄磊昌刘壮仲欣（2018）	研究者认为，乡村旅游景观研究以景观内涵和构成要素为研究基础，简述了乡村旅游景观的文化价值和经济价值的研究，提出设计控制的宏观、中观、微观的3个尺度，并通过对凌源老虎沟自然风景区设计的案例分析研究，得出乡村旅游景观中保护、传承、创新的3个主轴线，为北方地区古村落保护、美丽乡村建设等有地域特色的乡村旅游景观营建提供参考

续表

研究方向	代表学者	观点/主要研究内容
乡村景观开发与保护研究方向	仇叶（2022）	研究者认为，现有研究过于强调乡村旅游与乡村振兴的耦合性，而忽略了两者内在逻辑的差异性。基于实体与景观的关系，研究发现，在实体意义上，乡村空间是国家保护下的重要权力空间。它以集体土地制度为基础，是惠农公共资源下沉的空间载体，也是农民维持低成本高福利生产生活的空间场域。乡村旅游依循景观制造的逻辑，在实践中，地方政府通过吸纳农民的土地使用权与公共资源，吸引资本下乡再造商品化景观。景观制造既是乡村空间权利结构重组的过程，也是消解乡村实体功能的过程，可能对乡村振兴造成了负面影响。这表明，存在两种乡村产业的发展路径，即增加农民权利的包容型发展路径与挤压农民权利的汲取型发展路径。乡村产业要实现乡村振兴效应，必须完成从汲取型发展路径向包容型发展路径的转变
	薛芮 阎景娟（2022）	研究者认为，在旅游话语中景观是旅游行为与旅游地相互作用结果的客观呈现，连接着客观存在与主观感知、过去与未来、地方与全球，可以成为管理乡村旅游人地关系问题的有力工具。其从阐释景观概念与景观管理体系出发，对乡村旅游景观管理的本质与脉络、景观管理在乡村旅游人地关系上的嵌入作了系统梳理，主要结论包括： （1）乡村旅游地景观管理的价值逻辑，包括人类中心主义与非人类中心主义的制衡、工具理性与价值理性的平衡，以及"景观"与"可持续发展"悖论的消解； （2）乡村旅游地景观管理从人文地理学角度，主要以地方、空间、景观的理论范式为体系，三者是从不同角度来阐释人地关系的辩证关系概念； （3）乡村旅游景观管理的技术路线包括景观规划和景观保护两个主要阶段，在定量研究方面可以使用景观生态学方法，在定性研究方面则可以借鉴景观符号学方法； （4）乡村旅游地景观管理的研究框架以生态性问题为核心，以主体性问题、时间性问题、空间性问题为基底

续表

研究方向	代表学者	观点/主要研究内容
乡村休闲旅游景观研究方向	尹妮（2019）	研究者认为，生态休闲理念集中反映了当前受众日益多样化的消费需求，而生态休闲旅游无疑是旅游业未来发展的主流趋势。这就要求乡村旅游产业必须紧跟时代发展潮流、加快产品更新与服务升级。园林景观作为兼具自然美感与人文特质的旅游资源，充分契合了时下受众的生态休闲消费需求。因此，应通过科学规划、开发乡村本地的园林景观资源，合理打造以生态休闲为主题的新型乡村旅游体系，以此去驱动乡村旅游产业的多元化转型与长效化发展
	张琳 马椿栋（2019）	研究者认为，随着乡村旅游的迅速发展，乡村景观的游憩价值日益受到人们的关注。从乡村游憩产生的动机和特征入手，寻找乡村人居环境"背景元""活动元""建设元"有机联系、三元互动的关系，分析由背景元主导的乡村游憩资源的构成要素及功能特征。以优美性、乡土性、宜游性为价值标准，建立乡村景观游憩价值评价的指标体系，提出乡村景观游憩价值的核心，坚持和传承乡村人居环境背景的整体保护、乡村人居活动的活化、乡村人居建设因地制宜的传统，保护乡村人居环境的自然度、丰富度、和谐度；突出乡村文化的地域性、原真性、传承性；优化乡村建设的清洁度、舒适度和可达度，从而以游憩价值的发掘和利用为契机，实现乡村景观价值的保护、彰显和提升，以游憩为推动力，促进乡村人居环境的改善与提质
	李周（2020）	研究者认为，乡村休闲旅游除了同其他旅游类型一样具有收益乘数效应外，还有选择性多、受益面大、易达性好、性价比高和聚集度低等特点。它的发展要满足生态宜居、产业融合、行为方式正确的要求。发展乡村旅游，必须重视休闲者的需求、竞争力的提升和可行性的分析三个发展策略，同时要兼顾短期效益和长期效益，以长期效益为主；激励需求和改进供给兼顾，以改进供给为主；高端市场与低端市场并举，以低端市场为主；文化传承和文化创新并举，以文化创新为主；快生活和慢生活并举，以慢生活为主；优化发展环境和保障公平竞争并举，以保障公平竞争为主。发展包括乡村休闲旅游在内的旅游业，要恢复旅游资源公共品属性，促进旅游产业健康发展

续表

研究方向	代表学者	观点/主要研究内容
乡村文化旅游景观研究方向	翟向坤 郭　凌 张　晓 陈爱莉 （2017）	研究者认为，乡村旅游是促进农民增收、调整和优化农村产业结构、增加城乡之间互动与推动城乡统筹发展的重要手段，乡村文化景观凝聚了乡村历史文脉与人文精神，对乡村延续与发展有着重要的意义。然而，在乡村旅游的发展过程中，一些乡村文化景观正遭受破坏，很多历史悠久、富有乡土特质的传统文化已经或者正在遭遇消解。利用旅游空间生产理论，对四川省成都市4A级乡村旅游目的地——红砂村旅游发展中文化景观失忆形态进行剖析，探讨导致这一失忆现象的根本原因，提出以生态文明为指导理念的乡村旅游发展中乡村文化景观记忆重构的具体路径
	张志锋 （2020）	研究者基于美丽乡村视角下，对大别山地区菌蕈文化特色景观营建与旅游开发进行分析，并提出有效的策略。基于对大别山地区自然景观、食用菌资源和村落景观特征的分析，建议在进行大别山地区菌蕈文化特色景观营建策略制定时，应考虑到其系统性、控制性、生态型和共生性。同时，建议大别山地区菌蕈文化旅游开发应该侧重于对特色菌蕈文化旅游资源的推广，打造特色菌蕈文化旅游项目和开发特色菌蕈文化旅游路线
	李玲斐 （2021）	研究者认为，地域文化以地理环境、历史遗留、民俗风情为主要构成要素，是特定区域内物质、行为以及心理文化的总称，具有强大的包容性、创造性、特殊性以及延续性。乡村文化旅游景观是以文化为主题的乡村旅游景观，包括自然景观和人文景观两个部分，主要代表是农耕文化的景观形态，主要体现在建筑、自然、街道等空间结构中，具有文化氛围与感知的共性。在乡村旅游景观朝着体验性和文化性发展的背景下，将地域文化融入乡村文化旅游景观设计中，有助于借助具有地域标志性质的地域文化符号与元素，实现乡村旅游景观经济、生态和环境效益的可持续发展，破解乡村旅游景观同质化严重的现象，体现乡村文化旅游景观的地方性、特色性以及体验性

续表

研究方向	代表学者	观点/主要研究内容
乡村生态旅游景观研究方向	李露 张玉钧（2017）	研究者选择成都和位于其近郊的五朵金花景区为案例地，尝试从两个层面填补上述研究空白。一方面，阐述了成都市对埃比尼泽·霍华德田园城市理论的应用，这也是成都开展乡村生态旅游、保持乡土性景观特征的重要前提之一。另一方面，利用类型学的方法，对五朵金花景区发展生态旅游产业之后的景观特征进行了归纳，并从中提取出一系列保持乡村景观乡土性特征的设计方法。研究结论是在快速城镇化的进程中，开展乡村生态旅游对于保持乡土性景观特征具有积极意义，可以通过对传统乡村景观特征的传承和更新等手法来实现
	何燕 王建林 周爱斌（2019）	研究者以发展生态旅游为切入点，依托规划地的区位优势，充分挖掘旅游资源，锁定现实市场与潜在市场目标客群，通过科学合理的规划与布局，做到人与自然共同发展，改善藏东南农牧民居住环境、提高当地农牧民的经济收入和生活质量，发展休闲农业、藏东南特色文化产业、特色林下资源加工产业和综合服务业为补充，构建藏东南特色乡村——结巴村未来以生态旅游发展为核心的服务区。通过实地调查法、文献研究法和理论研究法，对工布江达县境内的一个贫困村进行研究，村内滞后的基础设施与独特的资源现状作为规划的背景，对于结巴村现有的优良生态资源进行整合，结合当地特色民俗设计适合当地发展的乡村旅游规划。同时，提出了新的发展策略：一是逐步挖掘地方民族特色，促进第一、三产业的融合发展；二是在突出藏东南的自然景观的同时，还要深度挖掘和创造人文景观；三是依托精准扶贫战略，突出特色项目重点发展，并不断完善旅游服务设施
	陈敬芝（2019）	研究者认为，美丽乡村建设是中国特色社会主义建设的重要组成部分，农村生态旅游景观建设是美丽乡村建设的重要内容。经过30多年的发展，我国农村生态旅游已成为旅游产业的新热点，正在向正规化与规范化的发展阶段迈进。美丽乡村建设背景下，农村生态旅游景观建设应遵循生态、绿色、环保理念，在规划和设计过程中按照美丽乡村建设相关要求有序推进

续表

研究方向	代表学者	观点/主要研究内容
乡村生态旅游景观研究方向	李雪艳 吴言 时潇潇 （2020）	研究者以南京市江宁区石塘村为例，对我国乡村生态景观设计进行探究。研究者对乡村生态景观的设计思路进行了从理念到方法的剖析，提出乡村生态景观设计应同时顺应自然和人文生态，在保护乡村生物多样性、涵养水土的基础上，灵活运用乡土材料和乡土植物，并对乡村景观设计的社会影响进行了思考，认为现代乡村的景观设计不仅要具有吸引游客的因素，更要充分考虑其对乡村生产生活方式的影响
	吴东荣 黄天芸 殷晓茵 李静贤 （2021）	研究者认为，在基于社会经济飞速发展的视域下，对生态环境造成了不同程度的危害。据此，国家大力提倡发展低碳经济，旨在改善生态环境，促进社会实现可持续稳定发展目标。受到低碳经济发展理念的影响，旅游行业应该积极调整景观设计方案，避免旅游活动对生态环境造成更严重的破坏，就乡村旅游景观设计而言，需要相关部门做好资源协调与分配工作，在带动乡村经济发展的同时，还可以更好地落实低碳经济发展理念
	李兴振 （2021）	研究者认为，随着现代经济发展理念的持续渗透，以及"两山"理念下乡村经济可持续发展思想的贯彻落实，以乡村生态旅游为代表的旅游产业供应链日益完善，为满足乡村生态旅游经济发展的需要，其景观规划与设计形式发生了明显变化。在强调环境保护的同时，充分利用区域自然资源，将人与自然和谐共存的理念融入乡村生态旅游经济之中，为人们提供舒适、安全、健康的乡村旅游环境，促进乡村经济的健康发展
	邝玉春 （2021）	研究者认为，在乡村地域范围内拥有大量生态资源和景观资源，兼具经济学、生态学和美学三重价值。因此，在乡村旅游火热的背景下，应进一步转变旅游资源观念，盘活自然生态资源，打造乡村生态旅游景观。该乡村生态旅游景观设计从区域旅游的角度出发，充分利用森林景观、田园风光以及山水资源，通过盘活树、水、村等资源，全面升级乡村生态特色，并运用乡村自然资源进行景观打造，引导乡村旅游景观的产业化与生态化

续表

研究方向	代表学者	观点/主要研究内容
乡村旅游景观美学研究方向	张骏（2020）	研究者认为，旅游景观是乡村旅游目的地吸引力的重要来源，研究以钱家渡为例，从审美意境的视角对乡村旅游景观的形式层、情景层、境界层进行深入分析，通过物象、意象、象罔三个美学范畴的建立，明确"美感"产生的过程，从而探寻景观设计的途径，并从保护与开发、传统与现代、共性与个性的维度分析景观设计的优化策略
	仲佳潘洪义郑渊博（2017）	研究者以成都市三圣乡2003年和2015年土地利用数据为研究对象，采用GIS技术，并选取12个景观格局指数，对比研究了三圣乡不同时间尺度的景观格局变化。研究结果表明，近12年间，耕地面积迅速减少，建设用地和水体面积均呈增长趋势，到2015年建设用地已成为最主要的土地利用类型；整个乡村旅游区景观蔓延度指数降低，香农多样性指数和均匀度指数均有增加，破碎化程度增加显著，表明人类开发活动与景观破碎化呈正相关，景观格局指数的变化反映了乡村旅游的发展已经成为三圣乡景观格局变化的主要驱动因子
乡村特色旅游村镇研究方向	李珊珊（2019）	研究者认为，改革开放以来，我国经济社会得到全面发展，国内旅游业也迅速兴起，特别是在美丽乡村背景下特色旅游村镇不断被开发，利用乡村地区得天独厚的生态环境优势，为旅游者提供了动人优美的旅游环境。但在特色旅游村镇景观设计过程中还存在诸多问题，因而有必要从特色旅游村镇景观问题入手，进一步明确设计原则和设计策略，促进特色旅游村镇发展
	陈超（2020）	研究者认为，特色小镇的蓬勃发展进一步拓宽与增扩了乡村旅游业产品、服务的输出面和容量，其中，景观建设发挥了营造差异化体验氛围、引导消费趋势演变的重要作用。而在当前特色小镇景观建设的过程之中，整体规划欠缺科学性，定位不够清晰，同质化明显，创新乏力等瓶颈与问题的日渐显现，又在很大程度上干扰了乡村旅游业的创新式运营。因此，应以特色小镇景观建设的更新为突破口，优化现有的经营管理思路与模式，从而驱动乡村旅游业的开放式、集约化、多元化发展

此外，从近五年的实证研究分析，研究学者对全国多个乡村地区进行了试点研究，如在南京钱家渡村、山东博山长寿山、厦门市同安区五峰村、苏州黎里镇朱家湾村、云南丽江束河古镇、成都市红砂村、陕西省宜川县桃池村、桂林海洋乡、浙江龙门古镇、西藏拉萨市达东村、云南江头曼咪村、西安上王村和家佛堂村、呼和浩特恼包村、南京石塘村、三亚南田、藏东南结巴村、德阳市新华村、绵竹市遵道镇棚花村、南岭走廊永兴油塘村、河北省永清县、兰州市永丰村、云南楚雄彝人古镇、贵州龙井村、杭州临安指南村、青州井塘古村、重庆南川大观、怀化市麻阳苗族自治县、河南漯河舞阳冯河村等乡村地区进行了相关旅游景观的规划设计研究，并取得了一定的实践成果，为乡村旅游景观的动态发展提供了探索依据。

3 乡村旅游景观研究的学术理论基础

3.1 景观生态适应性规划理论

美国宾夕法尼亚大学景观建筑学教授麦克哈格（McHarg.I.L.An）提出了一个生态观点，认为景观规划应该遵从自然的固有价值和过程，完善了以因子分层分析和地图叠加技术为核心的生态主义规划方法，即将景观作为一个包含地质、地形、水文、土地利用、植物、野生动物和气候等决定性要素相互联系的整体来看待。强调在尊重自然规律的基础上，建造与人共享的人造生态系统的思想，进而提出生态规划的概念，发展一整套的从土地适应性分析到土地利用的规划方法和技术，这种叠加技术被称为"千层饼模式"。这种规划模式以景观垂直生态过程的连续性为依据，使景观改变和土地利用方式适用于生态方式，这一千层饼的最顶层便是人类及其居住所，即我们的城市。"千层饼模式"的理论与方法赋予了景观建筑学以某种程度上的科学性质，景观规划成为可以经历种种客观分析和归纳的，有着清晰界定的学科。他的研究范畴集中于大尺度的景观与环境规划上，但对于任何尺度的景观建筑实践而言，这都意味着一个重要的信息，那就是景观除了是一个美学系统以外，它还是一个生态系统，与那些只是艺术化地布置植物和地形的设计方法相比，更为周详的设计思想是环境伦理的观念。虽然在多元化的景观建筑实践探索中，其自然决定论的观念只是一种假设而已，但是当环境处于脆弱的临界状态的时候，麦克哈格及宾州学派的出现最重要的意义是促进了作为景观建筑学意识形态基础的职业工作准绳的新生，其广阔的信息为景观设计者思维的潜在结构打下了不可磨灭的印记。对于现代主义景观建筑师而言，生态伦理的观念告诉他们，除了人与人的社会联系之外，所有的人都天生地与地球的生态系统紧密相连。

麦克哈格创造性地摒弃了以往常用的土地功能分区规划法，转而强调生态学原则和土地的适宜性分析方法，即土地的规划与利用应该遵从自然的固有价值和演进过程。提出了以地质学、气象学、地理学、生物学、社会学等为基础的千层饼模式，从而将风景园林设计引向了科学的境界，成为世界风景园林设计发展史上的一次最为重要的革命。"千层饼模式"的景观生态适应性规划理论也成为研究乡村旅游景观的重要参考理论。

随着现代景观生态适应性的规划发展，又衍生出许多新型生态规划理论，例如，"生态社区—生态邻里—生态城市"理论（如图1-1）：生态社区步行距离约7分钟，服务半径400米，核心要素是一般邻里服务中心，功能划分是提供一般生活性日常消费与人性化的步行网络系统；生态邻里步行距离约15分钟，服务半径800米，核心要素是商业中心或社区服务中心，功能划分方面提供日常教育、医疗、文体、商业等生活服务和完善的公共交通系统；生态城市步行距离约30分钟，服务半径1600米，核心要素是市镇配套等城市综合使用功能，功能划分方面提供城市级别的公共服务设施，完善的联外公交TOD与步行系统。

"生态社区—生态邻里—生态城市"理论强调构建安全的城市生态格局，根据前期的环境基底分析确定具有科学依据的城市生态安全格局，充分利用水体和绿地进行功能区的分割，修复主要的栖息地，疏通和补充新城与区域生态资源间的生态通道，维护生态过程的健康与安全。该理论还提出建立完善的城市基础设施，在生态安全格局基础上，选择生态景观和城市生活环境中具有重要意义的关键点营造绿地水体。将绿地纳入城市基础设施范畴，建议规划设计"环境友好型"市政水系统，连同常规城市基础设施一起完善，打造高质量的水环境，利于城市面貌、生活环境的提升和旅游等产业的发展。强调要打造绿色低碳新城，新能源的利用不仅可节能，而且可以减少长期运营成本，降低碳排放量。生态新城应积极开拓新能源的利用，将低碳的理念贯彻到基地规划设计全过程的每一个环节中，采用绿色建筑和雨水收集利用等技术措施。

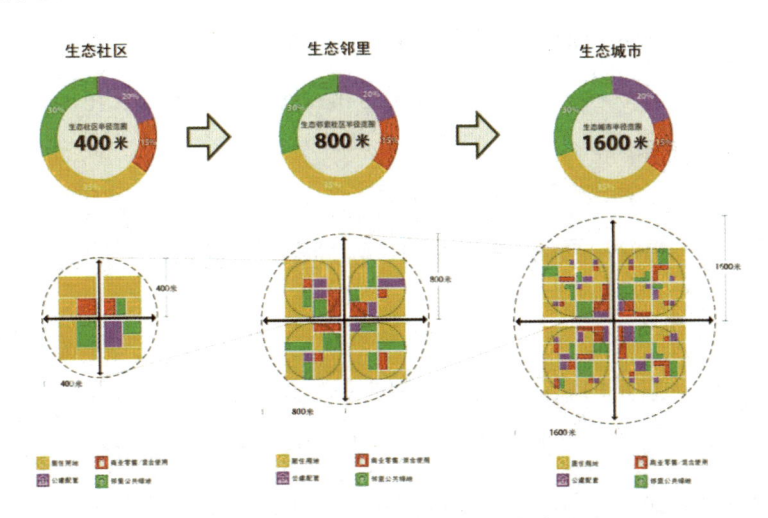

图1-1 "生态社区－生态邻里－生态城市"理论

3.2 物质循环利用型模式的现代生态农业理论

生态系统物质循环是在可持续发展思想的指导下运用生态学规律指导人类利用自然环境和环境容量，按照自然生态系统物质循环的规律来重构农业系统，把农业清洁生产、资源及其废物综合利用等融为一体，使得生产系统能够和谐地融入整个自然生态系统的循环过程。从传统的自给自足的个体农业发展到现在高科技的现代化农业，农业的发展取得了长足进步。然而，建立在以消耗大量资源、物种单一、高投入高产出、集约化为特征的现代化农业也产生了一系列严重的弊端，如土地荒漠化、环境污染、生物多样性丧失、食品安全等问题。

中国工程院院士、生态学家李文华院士曾提出，现代生态农业要走"物质循环利用型模式"。主张生态农业要从系统思想出发，并按照生态学、经济学和生态经济学原理，运用现代科学技术和管理方法以及传统农业的有效经验来构建，以期来获得较高的经济效益、生态效益和社会效益的现代农业发展模式。现代生态农业是一项综合性科学，涉及节水农业技术、农业微生物利用技术、生态优化种植技术、农牧固体废料处理与资源化利用等多项技术。针对我国农村目前的情况，应大力倡导以沼气为纽带的物质循环利用技术。

例如，重庆新农村规划建设示范推广的"蚕—沼—桑""畜—沼—果"等乡村生产循环模式，将养牲畜、建沼气池和发展柑橘三者结合在一起，形成相互促进的良性循环。

3.3 "斑块—廊道—基质"乡村景观空间格局理论

景观生态学将景观结构分为斑块（Patch）、廊道（Corridor）、基质（Matrix）三种基本模式。它是构成景观空间结构的一个基本模式，也是描述景观空间异质性的一个基本模式。一般是具有清晰边界的许多斑块、廊道和基质的镶嵌组合，简单理解就是点、线、面的景观形态组合（如图1-2）。

（1）**斑块（点）**：是相互之间差异性较大的最小景观区域，一般用斑块的性质、数目、形状、大小等指标来描述。在外貌上表现出与周围不同的非线性区域（最小景观单元），如乡村景观中的植物群落、农田或者是居民点等，都属于斑块要素。

（2）廊道（线）：是指两侧或周边环境有显著区别的呈线性或带状分布的景观结构，其类型一般用连接度、曲度、环度、间断等来度量。廊道虽然区别于斑块，但从另一个角度看，它仍是线性或带状的斑块，如河流、道路、沟渠、田埂等乡村景观元素。

（3）基质(面)：是景观形态表现中分布最广、连接性最好的景观结构类型，在景观中所占面积最大，并对景观动态起着控制作用的背景结构，如乡村农田基底、聚落用地基底等。在许多乡村景观案例中，基质常常对景观的整体动态起控制和支配作用。

"斑块—廊道—基质"这一模式为分析结构与功能的关系，比较和判别景观结构形态提供了一种简洁、明了、可操控的语言。美国Baudry教授在研究中发现，农田景观中篱笆、沟渠与道路等组成和连接起的人工网络，不仅可以大大提高生物栖息地（林地覆盖率高、生态环境优越）的景观连通性，促进不同物种在不同农田景观中的流动和交换的频率，而且能够有效地保护生物的多样性，同时还可以较好地促进养分、水分在农田景观中的运动。

图1-2 "斑块—廊道—基质"分析图

重庆是一个山地城市，大部分地区地形复杂多样，运用"斑块—廊道—基质"景观空间格局理论，可以更好地根据地势起伏及坡度的陡缓进行乡村景观空间格局规划。例如，在浅丘河谷地区，以水稻作为主要乡村景观基质，镶嵌可以共同存在的经济作物斑块（边缘坡度陡的地方布局经济果林或者其他本土生态水土保持林），丘陵低山地区生态林地、果林、农田等斑块进行相互的分散或镶嵌融入里面，道路、河道、沟渠、田埂等廊道相互交错；低、中山地地区则呈现出水田—果园—经济林地等立体生产性的景观格局。景观空间格局既有形态垂直格局，也有水平格局。俞孔坚、李迪华提出，垂直格局发生在某一相同景观内部，是单元景观格局设计的基础；而水平过程则是发生在不同的景观单元之间，是景观格局调整的依据。

3.4 乡村景观美学理论

　　乡村美景为何让人心旷神怡？为什么吸引人甚至不远千里前来驻足观赏？以前的美学和景观理论对此说法不一，以英国地理学家阿普尔顿和俄国心理学家维果茨基的理论影响较大。美国宾夕法尼亚大学城市与地区规划专业博士史蒂文·布拉萨综合前两者的理论观点，提出了自己的三层次构架，他的《景观美学》是以环境美学为主要研究对象的理论著作，对景观美学的发展产生了重要影响。景观美学又是艺术美学的分支，是应用艺术美学理论来研究景观艺术的美学规律与特征的学科。而艺术美学又是哲学的一个重要分支，被称为"艺术哲学"。从哲学上看，艺术美学是比美景更美丽的一种存在。美景美色是能引发人们感知艺术美感的客观事物，其本质的属性是抽象概括。人类感知外界客观事物最主要和最直观的感知方式就是视觉。当感知美的形象与人们心里的审美期待相契合的时候，就会触动人们的心理情感，从而产生审美愉悦，这便是视觉美。除了视觉美以外，还有其他器官感知产生的美，如嗅觉美、听觉美等。

　　景观美学涉及自然之美、人工之美和人文之美。自然景观的美表现在自然界中原生态的奇景与壮观的环境现象；人工景观的美是景观人的二次创造，应用自然等材料，再经过人为艺术加工所形成的景观；人文景观是表现人类文明的各种建筑物、构筑物和生态遗产等。乡村景观的美是在特定的空间环境里根据美的艺术方式与规律和人对自然、对生产美的理解，而创造出来的艺术美感鲜明、突出的形象。

4 国内乡村旅游景观的发展需求

4.1 乡村生态经济发展的内在需求

乡村区域主要以农业生产为主要经济基础，单一的产业结构给乡村经济发展带来了局限性，农业领域的内部资源迫切需要多元化发展，生态农业将成为乡村产业转型的新亮点。"绿水青山就是金山银山"是习近平总书记提出的关于生态文明建设的重要理念，走"生态优先、绿色发展、融合并行"道路，是乡村生态产业提升发展的有效途径。随着新兴旅游市场的格局变化，城镇居民周边近郊游的选择性日渐增多，休闲农业、现代旅游农场、农业观光园、田园景观等乡村休闲旅游新型业态已然成为乡村生态经济发展的纽带和桥梁。乡村旅游景观的发展又进一步带动了乡村风貌的转变，推动了道路交通、餐饮服务、住宿体验、乡村产品和配套设施等方面的完善与发展，形成了景观发展模式与乡村产业链优势互补的关系，为开拓乡村新型生态旅游产业奠定了基础，是一条可以突破乡村产业格局困境、实现乡村经济内部增长的新路径。

（1）发展特色乡村旅游产品的经济发展需求

由于目前游客乡村游的选择和需求趋向个性化，所以乡村旅游的发展也需要向特色化方向转变。到乡村旅游的游客，希望看到的是乡村旅游点应有的独特性。如果乡村旅游市场一直是"农家乐""渔家乐"等"乡土味"十足的旅游模式，则很难吸引游客前来。所以乡村旅游须适应市场变化，策划出本地特色旅游景观项目。目前，游客对乡村旅游品牌的多样性、内容的丰富性和体验的差异性等要求越来越高，乡村旅游目的地要尽快改变产品雷同、内容泛化的局面，创新出产品的特色，使游客有更多的选择。

（2）与美丽乡村建设融合的生态旅游需求

原生态的自然和人文景观是发展乡村旅游的个性特征，也是城市居民前往游玩的追寻目标。乡村原真性的人文景观、环境风貌是发展乡村旅游的生态资本，由此，乡村生态游的发展需要融合美丽乡村建设模式（产业发展型模式、生态保护型模式、城郊集约型模式、社会综治型模式、文化传承型模式、渔业开发型模式、草原牧场型模式、环境整治型模式、休闲旅游型模式和高效农业型模式），根据资源特色的不同，乡村旅游迫切需要走出一条属于自己的生态经济发展之路。

4.2 旅游市场格局变化的外在需求

旅游市场形势变化会影响乡村旅游的发展方向。如受新冠疫情的影响，国内跨区域旅游受到不同程度的冲击，而城市 1~3 小时经济圈内的近郊乡村游成为"后疫情时代"的旅游新热点。2020年7月，文化和旅游部发布的《关于统筹做好乡村旅游常态化疫情防控和加快市场复苏有关工作的通知》提出，适时推出全国乡村旅游精品线路，促进乡村观光向乡村旅居、乡村生活转型，促进乡村旅游新业态、新模式、新场景的普及应用。城市消费者在吃、住、行、游、购、娱等方面，对乡村健康、安全的旅游项目更加关注和追求，从传统的观光和采摘转变为追求乡村原生态体验、亲子陪伴、休闲度假、健康疗养、身心放松等娱乐服务类型项目。外在的市场格局变化正在对乡村旅游内部结构调整产生影响，高质量的景观项目可以促进乡村旅游从"业余型"向"专业型"转变。乡村资源需要区域互通和城乡联动。同时，其在低碳旅游、农旅融合、生态改善、产品创新、配套完善和景观提升等方面，对乡村旅游的进一步发展提出了新的要求。

5 当前国内乡村旅游景观发展面临的主要问题

5.1 乡村旅游景观开发模式单一

乡村旅游景观开发模式的差异会形成不同的景观体验,不少景点与本土生态环境特色协调不够充分,受季节性影响严重,如春季皆是赏花踏青、秋季普遍采摘体验,景观内容多有重复,旅游景观模式较单一。各地生搬硬套商业化旅游模式,融合本土的复合型创新项目较少,而乡村旅游与自然环境的适应性和协调性,最终决定了乡土景观多样性和地域性的持续发展。从目前重庆区域乡村休闲旅游推出的140条精品线路和661个休闲景点部分发展模式来分析,盲目跟风、简单粗放、急于见效益、创新不足、地域特色缺失和管理体系不健全,是乡村旅游景观发展存在的主要问题,单一模式的开发导致了其对后续乡村旅游市场的需求把握不足,使其对游客的吸引力下降。旅游景观开发内容"多""杂""粗""散"而不"精",发展多以农家乐、乡村庄园、采摘等单一模式类型为主,缺少对原生景观、民族特色、度假康养、乡土情怀、沉浸体验和文化传承的多元化发展探索。

5.2 乡村旅游景观呈现市场发展两极化

在"美丽乡村"建设背景下,不少地区都在兴建各类乡村旅游景观项目,以期吸引客流,带动消费,发展经济。然而,快速发展乡村旅游又导致乡村景观的无序化、同质化、城市化和过度商业化。近几年,国内乡村旅游景观市场出现了"多"与"少"的矛盾:一方面,体现在游客追求更高质量的乡村旅游"新"体验,到乡村舒缓身心,释放压力,感受不一样的乡土原生风景,更加向往主题定位明确、景观资源优越、配套设施完善、旅游产品丰富、文化气息浓郁、游览内容新颖的"精品类"乡村景观项目;另一方面,很多乡村地区景观资源高度重合,为跟上乡村旅游商业风潮,相互模仿,盲从市场以致趋同,粗糙型项目较多，使景观开发没有特色可言。同时，随着快速商业化的旅游冲击，众多乡村旅游开发缺少系统性的发展规划，导致众多旅游景观项目出现观光体验表面化、景观内容雷同、消费体验单一和休闲功能简单等问题，游客感受不到区域差异带来的旅游认同感。

5.3 乡村文化景观吸引力淡化

文化景观是乡村景观的重要组成部分，文化消费也是乡村旅游的发展内核之一。传统乡村文化的魅力，在于不同地域生产要素影响带来的文化属性差异，又在于劳动人民长期创新实践形成的特色历史积淀，造就了生活气息浓郁的文化表现形式，如巴蜀文化中"巴渝吹打""梁平三绝""川江号子"等。但一些地区在乡村文化景观发展建设过程中，过度注重乡村文化实物载体等物质遗产的保护，忽视了对乡村文化内涵的传承。目前，乡村旅游文化景观发展形态多流于表象，文旅融合程度不够，文化创新动力不足，乡村文化融入不了景观，融入不了市场，也融入不了游客的精神世界。不少地区在发展乡村文化景观过程中借商业化"文化品牌"旗号，吃文化老本，以文化转经济消费为目的，过度消耗游客后续旅游动力，甚至部分地区为了商业营销，迎合"快餐式"旅游消费心理，在景观项目里附带一些"粗"和"俗"的文化元素，以满足游客的猎奇心理，在一定程度上冲击了乡村淳朴的文化底蕴，造成了文化景观吸引力的持续淡化。

5.4 乡村旅游景观资源互通不足

近年来，得益于国家乡村振兴战略的各项优惠政策，国内各地区结合当地景观资源分布现状，积极发展不同类型的乡村旅游，形成了各具特色的旅游品牌，但也存在区域资源匹配不均衡、景观互通壁垒等问题。以重庆地区为例，主城核心区游客对近郊游需求旺盛，近郊区县依靠城区客流资源和"1小时经济圈"（50千米圈层包括璧山区、江津区，80千米圈层包括合川区、铜梁区、大足区、永川区、綦江区、南川区、涪陵区和长寿区）区位优势，旅游区规模较小，更易于协调内部资源，市场的适应性较强，但是旅游模式类型较相似，与圈外乡村景观资源衔接不足。渝东北翼和渝东南翼乡村的优势更多体现在人文和自然生态资源方面，旅游区规模较大，优质景观生态资源较多，单点旅游优势明显，但与主城核心区在空间上跨度较大，区位、配套和客群等方面短板明显，缺少跨区域旅游衔接路线，辐射带动周边乡村发展的功能属性较弱。

6 对重庆部分区域乡村旅游景观发展中存在问题的调研

6.1 调研背景

本次研究调研对象重点以重庆主城区"1小时经济圈"为核心，以渝东北片区（梁平、城口、万州等）和渝东南片区（酉阳土家族苗族自治县、彭水苗族土家族自治县等）为两翼，形成"1+2"区域研究格局。研究方法以实地考察和调查问卷方式为主，从上述区域内的10个乡村旅游景区随机收回有效问卷100份，涉及农业田园、文创体验、生态景观、休闲康养、古镇建筑、民俗文化等多个旅游类型。

对于重庆地区乡村旅游发展而言，区域化经济发展政策也是影响乡村交通、游览、住宿、餐饮、购物、文娱等第三产业发展的重要因素。面对推进"成渝地区双城经济圈建设"政策机遇，乡村旅游供给侧进行结构性改革，利于景观要素实现旅游最优配置，提升乡村生态经济的增长质量。这就需要从游客行为心理、景观资源配置和文创旅游产业等角度分析重庆乡村旅游景观现状，厘清发展问题，探索下一步旅游景观提升方向，针对性地提出改革策略，将有利于实现乡村经济链、产业链、旅游链、文化链和生态链的有机衔接与统一，对重庆乡村旅游景观的可持续循环发展具有重要意义。

6.2 调研统计

旅游客群性别统计：男性占47%，女性占53%。年龄统计：20～30岁占30%，30～40岁占48%，其余占22%。受教育程度统计：初中及以下占14%，高中占18%，大专占25%，大学本科占39%，研究生及以上占4%。

在本次调研问卷中，景区游客从事行业中占比最多的是制造业，占18%；文化、体育和娱乐业占13%；教育业占11%；公共管理、社会保障和社会组织占10%；交通运输、仓储和邮政业占8%；农、林、牧、渔业占6%；房地产业占5%；住宿餐饮业和水利、环境、公共设施管理业各占3%；其他职业、灵活就业人员和未就业者占22%。

游客出行方面，在过去一年中，70%的游客有长途和短途相结合旅游的经历，27%的游客主要以短途近郊游为主，3%的游客以长途远游为主。常用的旅游方式主要以自驾旅游（84%）和随团游（54%）居多，其次是"驴友"结伴同行（12%）和独自乡村游（19%），其他方式占1%。

在游客喜欢的旅游景观类型方面，游客有多项选择。其中，意愿选择地文景观类（山岳形胜、岩溶景观、风沙地貌、海滨沙滩、特殊的地质现象和地貌类型等）的占84%；水域风光类（河流、湖泊、瀑布、泉水、溪涧、冰川、滨海等）的占60%；生物景观类（森林、草原、珍稀树种、奇花异草、珍禽异兽）的占67%；气候与天象景观类（适宜于避暑避寒疗养治病的气候及特殊的天象景观）的占52%；历史文物古迹类（历史遗迹、建筑遗址、石窟石刻等）的占38%；民族文化及其载体类（包括可视、可感、可参与的特殊民俗礼仪、习俗风情、节日庆典、民族艺术和工艺等）的占51%；宗教文化资源类（参观游览型的宗教建筑艺术）的占30%；城乡风貌类（具有视觉形象的历史文化名城、独具特色的现代都市风光，具有清新质朴的田园风光、古镇村落等）的占53%；饮食购物类（各种富有特色的地方风味美食、特产名品、特色市场与著名店铺等）的占77%。另据统计，有92%的游客有重庆乡村区域景观旅游的计划或经历。

重庆乡村旅游行程中以主城近郊乡村游的占64%，区县乡村游的占32%。

乡村旅游交通方式主要分为自驾（78%）、高铁（22%）、地铁公交（58%）、轮渡（15%）和旅游大巴（76%），多数游客选择自驾。在游客乡村旅游时间安排上，96%的游客选择单日游，82%的游客选择双日（周末）游，16%的游客到乡村旅游才会选择3～5日游，10%的游客选择长期度假休养游。

在计划乡村旅游出行时，选择同行成员方面，有95%的游客选择与家庭成员一起，35%的游客选择与同学或同事结伴同行，19%的游客选择情侣朋友二人出游，而选择个人游的只有5%。在旅游消费成本方面，游客总体消费金额为0～500元的占70%，500～1000元的占26%，1000元以上的占4%。

在受游客欢迎的乡村旅游景观类型中，游客有多项选择，按受游客欢迎程度的排名依次是观光型乡村旅游（观光农庄、乡村牧场等），占83%；休闲度假型乡村旅游（休闲度假村、休闲农庄、乡村酒店、特色住宿等），占73%；体验型乡村旅游（酒庄旅游、"做一日乡村人"、人工林场、林果采摘园等），占63%；健康疗养型乡村旅游（温泉旅游、散步远足、骑马游、骑车登山游等），占60%；科普教育型乡村旅游（农业科技教育基地、观光休闲教育园、少儿教育农业基地农业博览园等），占55%；时尚运动型乡村旅游（漂流、自驾车乡村旅游、定向越野、野外拓展等），占53%；民俗文化型乡村旅游（民俗文化村、农业文化区、村落民居、遗产廊道、乡村博物馆、传统村落等），占51%。

对于重庆乡村旅游的发展优势体现，超过70%的游客认为旅游距离、乡村景观环境生态、时间安排、绿色餐饮和住宿体验方面更具优势；其次是旅游消费成本、适合多类型集体活动、乡村体验多元化和乡村地域空间广袤优势（如图1-3）。

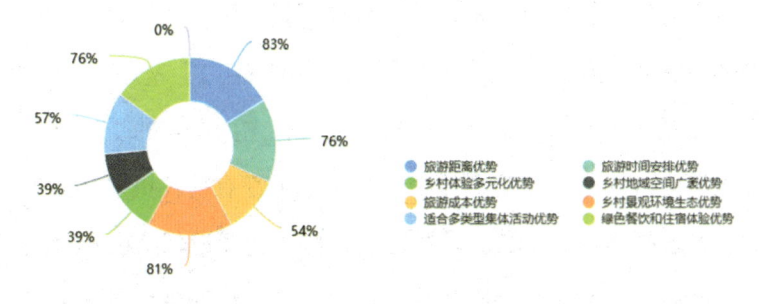

图1-3 游客对重庆乡村旅游的发展优势体现统计图

在重庆乡村旅游过程中游客更加关注的旅游问题依次是：景观项目吸引力（89%）、旅游配套（86%）、停车（80%）、住宿体验方面的问题（74%）、旅游线路规划（61%）、旅游产品（37%）、旅游生态方面（34%）和餐饮（19%）。

就目前重庆乡村旅游景观发展现状，游客有多项选择，游客的旅游建议方向由高到低排列依次是：儿童娱乐体验项目要有创新性，占93%；旅游与地方特色产业结合，满足多元化消费体验，占76%；景观主题性要明确，项目类型要多样，占60%；旅游产品体现文化特色，占56%；住宿体验要求有特色，占52%；旅游配套设施需完善，占43%；体现原生态景观特色，占36%；增加乡村科普教育项目，占30%。

在乡村旅游文化景观发展建议方面，游客认为，重庆乡村区域首先应该打造巴渝乡村文化特色项目的占74%，乡村文化消费产品创新项目占65%，乡土文化体验类项目占53%。此外，关于文化景观发展的建议类型还有红岩文化项目（12%）、文化遗产类项目（21%）和其他项目（1%）。

在乡村旅游景观项目发展提升方面，游客认为首先要满足不同游客群体的体验需求的占92%；其次是提高景观游览内容的创意性，占86%；再次是提升服务配套设施，占83%；最后是把艺术因素多融入景区中，占70%。另外，还有增强乡村景观文化传承（32%）、景观旅游点的线路规划（28%）等建议。

6.3 调研分析

从调研人群年龄结构上分析，前往乡村各景区游览的游客中20～40岁的中青年群体占主体，多以家庭为单位（其中，以"3+1"或"3+2"组合居多，即一家三口加老人）自驾或随旅游团集体出行，主体游客的受教育程度较高，大专及以上学历占68%。受访群体中，90%以上都有前往更多乡村景区旅游的计划，且多数选择1～2日游，车程距离优势（选择近郊游占64%）、旅游成本优势（选择0～500元消费区间的占70%）和乡村环境生态优势成为游客短途游考虑的重要因素。对于同一个乡村旅游目的是否会选择重游方面，有20%的游客选择不会，71%的游客不明确，说明目前一些景区在旅游配套、设施、服务、项目内容吸引力和生态环境等方面存在诸多问题。

在游客喜爱的乡村旅游景观类型中，更多游客选择观光型、体验型、休闲度假型、时尚运动型、健康疗养型、科普教育型和民俗文化型。其中，民俗文化型乡村旅游（民俗文化村、农业文化区、村落民居、遗产廊道、乡村博物馆、传统村落等）选择意愿最低，由此分析对乡村旅游文化景观的发展创新不够，旅游形式与内容还不能有效吸引市场客流，70%以上的游客更希望看到能够展现巴渝乡村文化的特色旅游项目。从游客行为心理角度分析对重庆乡村旅游过程中会关注点，重点还是要解决旅游设施配套和服务等方面的问题，游客较为看重新型民宿和绿色餐饮的发展，而其中最为重要的关注点是景观项目吸引力问题，特别是增加创新性儿童娱乐体验项目。相较传统的乡村旅游观光体验，游客更想体验到新的题材、场景和内容，希望有完善的旅游线路规划，有特色的旅游产品，发掘原生态景观、民俗文化、科普教育、休闲康养等方面的乡村特色，游客对于未来的发展提升，建议旅游与地方特色产业结合，提升民宿体验，艺术融入景观，满足不同游客群体多元化的消费需求。

6.4 问题的分析与总结

（1）供给与需求市场平衡的问题

当前，乡村旅游景观发展的主要问题是供给侧和需求侧的平衡问题。一方面是乡村景观的盲目开发，对景区发展过于乐观，急于取得商业回报，故存在景区开发建设"快、多、杂、简、粗"等现象，优质旅游景观资源发展成功案例不多，快速发展乡村旅游又导致乡村景观发展的无序化、同质化、城市化和过度商业化，特别是生态农业类旅游发展模式单一（如图1-4）。

另一方面是对游客群体市场需求把握不足，未对游客出行方式、游客结构、年龄层次、来源区域、行为心理、消费需求和游览喜好等方面做开发前的系统、全面和深入调研。对于重庆地区乡村旅游景观发展而言，面对川渝区域化协作，跨域乡村游成为市场趋势，区域资源配置、景观生态开发和游览项目建设等应满足不同区域游客的多元需求，平衡供给侧和需求侧的市场平衡关系。

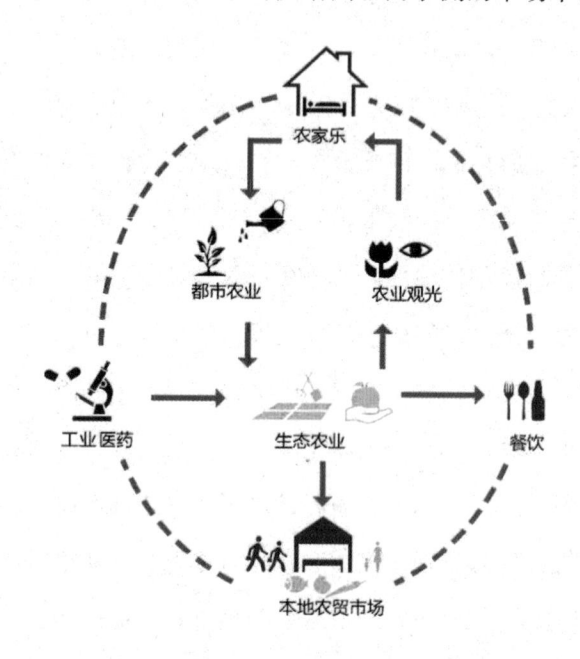

图1-4 生态农业类旅游发展模式单一

（2）资源与服务配套完善的问题

重庆渝东北翼和渝东南翼乡村的优势更多地体现在人文和自然生态资源方面，旅游区占地规模较大，优质生态景观资源较多，单点旅游优势明显。但与主城核心区在空间上跨度较大，区位、配套和客群消费等方面短板明显，缺少跨区域旅游衔接路线，辐射带动周边乡村发展的功能属性较弱。各区县乡村旅游除了景观资源上的差距，还有普遍存在的一个问题，就是旅游服务和配套的不完善，交通、道路、场地、绿化、设施等存在较多问题，"靠山吃山，靠海吃海"式的粗放发展不利于长期化的良性循环。在乡村振兴战略发展背景下，乡村旅游的商业化发展除了依靠旅游开发投资，还需要乡村人居环境的持续改善，乡村生态持续稳定，旅游配套持续完善，这是一个长期过程，是城乡区域协作，实现全域旅游的发展方向。

（3）景观与文化创新发展的问题

重庆乡村旅游有着丰富的文化资源，乡村地区民风民俗更是展现出了巴渝的独特魅力，如码头文化、移民文化、和火锅文化等。文化是人类居住聚落长期发展形成的非物质历史积淀，文化景观应该是乡村旅游中重要的闪光点，但一些地区在乡村文化旅游发展方面存在吃老本，固守模式，缺乏创新，过度商业化等问题；一些地区过度注重乡村文化实物载体的物质遗产保护，忽视了对文化内涵的传承，致使开发类型单一，市场接受度不高。从旅游开发角度而言，其发展方式、发展途径、发展目标以及发展意义都需要以创新为基础，用现代景观旅游规划方式统筹布局，探索将文化融入旅游景观，景观带动文化传承，辅助以新媒体新、技术手段，将"巴渝吹打""梁平三绝""川江号子"等文化特色以旅游景观的方式，带给游客全新的沉浸式体验。

在城市规模迅速扩大的社会发展背景下，现代人的生活空间急剧压缩，生活压力逐步增大，休闲之余，人们更愿返璞归真，到乡村释放情感，解放身心，探寻乡村的自然生态和民俗文化景观，所以乡村旅游越来越受到市场青睐。但从目前乡村旅游景区发展现状窥探，在旅游开发、内容创新、配套服务、文化传承和游客体验等方面出现了诸多问题。对于重庆地区而言，乡村旅游的发展需要研究乡村景观现状，从游客视角出发，发现目前开发建设中的问题，探索解决途径，研究乡村景观提升模式，系统性地构建乡村旅游带动产业发展的框架。在区域经济发展背景下，重庆乡村旅游景观更需抓住机遇，在全域旅游规划指引下内外融合发展，建立游客评价体系，不断推出新颖的旅游项目，以此提升乡村旅游体验。

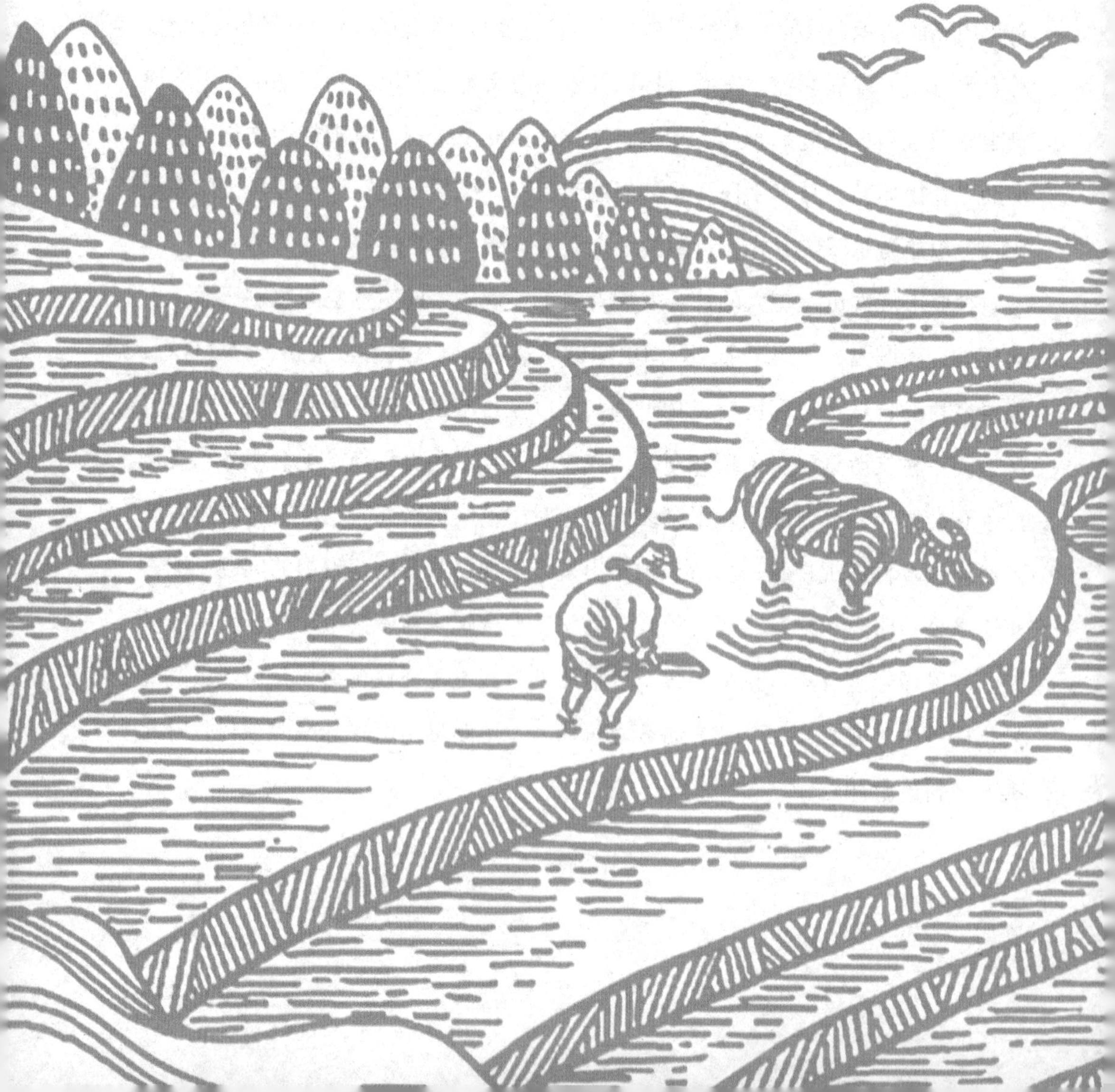

第二篇
乡村旅游景观发展策略研究
——以重庆地区为例

7 衔接区域资源，构建乡村旅游"景观资源圈"发展策略

乡村旅游景观资源是指在乡村区域的自然环境、人文风貌等对旅游者产生吸引力，可为旅游开发利用，并能产生经济效益、社会效益和环境效益的各种事务和因素。

2021年，农业农村部、国家发展改革委、文化和旅游部等十部门联合印发的《关于推动脱贫地区特色产业可持续发展的指导意见》提出，拓展农业功能价值。依托田园风光、绿水青山、村落建筑、乡土文化、民俗风情等特色资源，发展乡村旅游、休闲农业、文化体验、健康养老等新产业、新业态，突出特色化、差异化、多元化，既要有速度，更要高质量，实现健康可持续发展。

考虑到乡村旅游资源的独特性，国内很多专家学者依据国家市场监督管理总局发布的《旅游资源分类、调查与评价》（GB/T18972—2003）开展了积极的学术探讨和项目实践研究。《旅游资源分类、调查与评价》是旅游资源分类评价标准，在标准中提出了旅游资源的地文景观、水域风光、生物景观、天象与气候等8个主类，综合自然旅游地等31个亚类和155个基本类型，并提出了资源要素价值和资源影响力两大评价标准，为乡村旅游资源的分类和评价提供了重要的依据。

随着国家乡村振兴战略的实施，特别是"产业兴旺、生态宜居、乡风文明、治理有效、生活富裕"的20字方针和"产业振兴、人才振兴、文化振兴、生态振兴、组织振兴"5个主攻方向的提出，乡村的产业、人、文化、组织等资源越来越受到重视。通过梳理相关资料，结合目前现有的相关学者对乡村振兴研究和规划实践，认为对乡村旅游景观资源的研究需要重点关注"乡村景观性"本身，"乡村性"与"景观性"联合构建"一体化资源圈"，以此为出发点对乡村旅游景观资源进行系统性的整合。

依据乡村资源"乡、土、农"三个方面的主要特征,结合《旅游资源分类、调查与评价》,又可以把乡村旅游景观资源大致分为三类:"乡"——乡村生态资源(不同特质的聚落形态,相对小型的村镇尺度和较低的人口密度范围中所展示的自然生态景观资源);"土"——乡村生活资源(相应的乡村文化特质,代表着质朴、勤俭和传统,具体体现在建筑、服饰、饮食、工艺等方面,表现为传统文化、地方文化及一定的特色文化仪式等资源);"农"——乡村生产资源(乡村生产的历史、现状及场景,以及衍生的生产文化,体现乡村生产的传统性与现代性的生产资源)。可以分为"主类""亚类"和"基本类型"3个层级,共计8个亚类,39个基本类型(见表2-1)。

表2-1 "乡、土、农"三类旅游资源研究分类表

主类	亚类	基本类型
"乡"（乡村生态资源）	自然生态资源和田园生态资源	自然生态资源包括水域风光、地文景观、天象与气候、动植物资源等4个基本类型;田园生态资源包括农田、种植园、养殖园等3个基本类型
"土"（乡村生活资源）	特色人文活动、特色建筑与遗址遗迹以及特色物产与工艺	特色人文活动包括地名、方言、人物、历史事件、文艺团体、文学艺术作品、传说与典故、地方习俗与民间礼仪、民间演艺、民间健身活动与赛事、宗教与祭祀活动、庙会与民间集会、特色服饰、现代节庆等14个基本类型;特色建筑与遗址遗迹包括传统与乡土建筑、特色街巷、特色社区、交通建筑、历史事件发生地、名人故居与历史纪念建筑、废弃生产地等7个基本类型;特色物产与工艺包括农林畜产品与制品、传统手工产品与工艺品、中草药材及制品、水产品与制品、菜品饮食等5个基本类型
"农"（乡村生产资源）	特色农业资源、传统农业生产资源和现代农业生产资源	特色农业资源包括特色农作物、特色养殖等2个基本类型;传统农业生产资源包括传统农业生产活动、传统农业生产设施等2个基本类型;现代农业生产资源包括现代农业生产基地和现代农业生产设施等2个基本类型

乡村旅游景观的发展离不开资源的衔接，乡村有生态资源优势，城市有人口和配套资源优势。资源的流通应该具有双向性，只有突破"城乡壁垒"，让资源内部交融，外部互通，在一定区域内建立景观资源的分配协作关系，形成"景观集群效应"，构建内外资源交融的乡村旅游"景观资源圈"多层环状格局（如图2-1)，才能使乡村旅游资源链和景观链进行衔接。

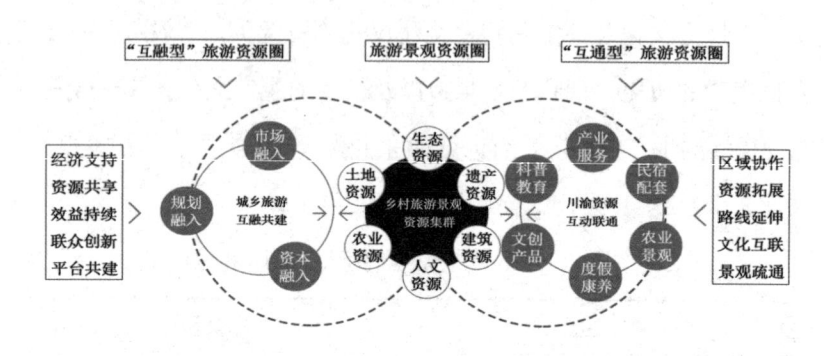

图2-1 重庆乡村旅游"景观资源圈"构建分析

7.1 发掘城乡优势景观资源，打造"互融型"乡村旅游资源圈

根据重庆地区乡村景观资源的现存状况、形态、特性、特征进行划分，"互融型"乡村旅游资源圈的打造主要是以乡村地区的旅游资源为基础，将周边城市的旅游市场、资本、扶持政策和规划理念等进行融合。根据重庆市文化和旅游发展委员会2018年8月统计数据分析，重庆市主要旅游资源中，旅游单体达4042个，涉及8个主类、39个亚类、110个基本类型，涵盖高山峡谷、江河湖泊、温泉康养、历史文化、民风民俗、主题娱乐、都市风情、邮轮游船等多种类型。其中，自然类旅游资源2449个，占旅游资源种类的60.6%；人文类旅游资源1593个，占旅游资源种类的39.4%。

其中，可发掘的优势资源主要有山城都市圈为代表的重庆都市旅游资源，以长江三峡、乌江画廊为代表的峡谷风光资源（ACG峡谷段落、BAA观光游憩河段、FGA水库观光游憩区段），以武隆天生三硚、云阳龙缸、南川金佛山、万盛石林、奉节天坑景观等为代表的地质奇观旅游资源（ACF岩壁与岩缝、ACG峡谷段落、ACL岩石洞与岩穴），以北碚区悦榕庄、北温泉、柏联SPA、贝迪温泉、巴南区南温泉和渝北区统景温泉等为代表的温泉养生旅游资源（BDB地热与温泉、FAD园林游憩区域），以大足石刻、涪陵白鹤梁、合川钓鱼城等为代表的历史文化资源（EAA人类活动遗址、EAB文化层、EAC文物散落地、石窟FCE、FAE文化活动场所），以重庆人民大礼堂、三峡博物馆、湖广会馆、磁器口古镇、洪崖洞等为代表的山城文化资源（FBC展示演示场馆、FDF会馆、FDB特色街巷、FAG社会与商贸活动场所），以革命时期红岩和歌乐山革命纪念馆、渣滓洞白公馆等为代表的红色旅游资源（EBA历史事件发生地、FDD名人故居与历史纪念建筑、FBC展示演示场馆），以解放碑、抗战遗址博物馆、史迪威博物馆等为代表的抗战时期遗址资源（EBA历史事件发生地、FDD名人故居与历史纪念建筑、FBC展示演示场馆）。最具特色的旅游资源点有喀斯特峡谷奇观群——长江三峡景观资源带，被誉为"万里长江第一条空中走廊"的重庆长江索道，最深的天坑——奉节小寨天坑，口部面积最大的天坑——武隆中石院天坑，最长的地缝——奉节地缝，最高、最大的喀斯特天生桥群——武隆天生三硚，海拔最高的喀斯特溶洞——金佛山古佛洞等。另外，还有白象街、丰盛古镇、龙兴古镇和鞍子苗寨、河湾山寨等160多个古街、古镇、古村落遍布城市和乡村。全国休闲农业与乡村旅游示范县12个、示范点23个，全国特色景观旅游名镇14个、名村7个。这些城乡优势旅游资源是"景观资源圈"构建的基础。据此提出以下两点打造"互融型"乡村旅游资源圈的发展模式：

（1）一点辐射融合模式：以城市旅游资源为辐射点，向外拉动乡村景观资源融入

乡村旅游景观发展需要城市旅游的带动。近几年，重庆主城区都市旅游发展兴盛，已成为受全国旅游者向往的"网红"旅游城市。一点辐射融合模式以

城市旅游资源为基点，通过其成熟的旅游模式和配套资源，主打主城都市圈"1小时经济圈"旅游，并向周边乡村旅游辐射，从旅游产品、景观资源和旅游配套等各方面形成主城带乡村的发展模式。"1小时经济圈"又称为"1小时交通圈"，指重庆主城区城郊区间范围内交通1小时可通达覆盖的21个区县（江津、潼南、长寿、合川、綦江、铜梁、大足、荣昌、永川、双桥、璧山、万盛、南川、涪陵等）。"1小时经济圈"是城市和乡村近郊游的连接过渡圈，承载着城乡旅游的互联互通，可重点发展城市周边乡镇特色民宿，带动乡村旅游产品消费，如农副产品的深加工、旅游纪念品和体验式旅游消费等。以重庆乌江画廊景区资源集群带为例，可为游客打造以重庆主城区为辐射点，跨越涪陵区、武隆区、黔江区、彭水苗族土家族自治县、酉阳苗族土家族自治县、秀山苗族土家族自治县等地区，融合内部龚滩古镇景区、阿蓬江漂流景区、清泉廊桥景区、马鞍城景区、万木永和寺、石林景区、三家阡石林、悬葬景区、长溪沟生态旅游景区，拉动区域内的各个乡村旅游资源的融入，打造一处集自然山水、历史古镇村落和乡村民俗风情于一体的特色乡村旅游线路（如图2-2）。

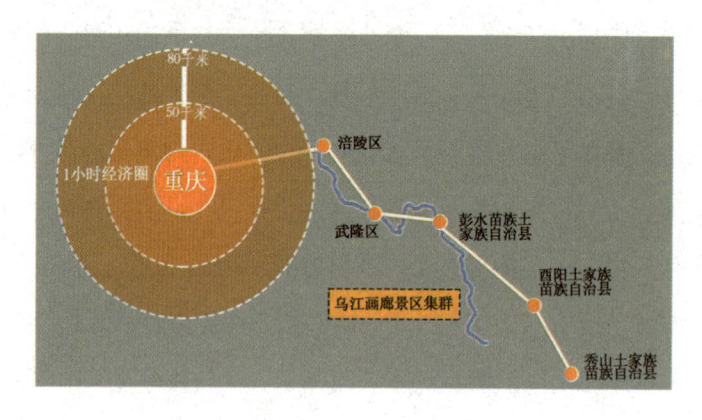

图2-2 重庆乌江画廊景区资源带

（2）多点互联融合模式：城市旅游、城郊旅游和乡村旅游多链融合

乡村旅游不能理解为是一种纯粹的农业景观资源开发，而要与区域内外及其他旅游资源和旅游景点的开发结合起来，借助已有旅游景点特别是要与重庆城市旅游相配套，来增强对外的吸引力。在重庆提出2020年至2035年全域旅游规划发展背景下形成资源共享，共同发展的旅游景观新格局。打造连接乡村与城市的乡村旅游景观延伸带，利用城市与乡村的资源优势，发展形成一个具有明显聚集效应、具备竞争优势的"次乡村旅游景观区"。

"次乡村旅游景观区"是城市游和乡村游的区域融合体现，是在"1小时经济圈"区域划分下衍生出来的乡村旅游景观区域概念（如图2-3）。作为两点互通的链接基点，"次乡村旅游景观区"应更大力度地从区位优势出发，以"一次链两主"的区位优势来吸引两点的游客群体，发展完善特色乡村民宿、特色农家餐饮和停车交通服务等相关配套设施，特别是着力打造具有市场特色和乡土特色的旅游景观产品项目，把景观优势和乡村旅游精品线路发展为吸引带动周边区域乡村旅游的纽带与桥梁。该区域要从多方面进一步强化链接乡村与城市，作为多点互联形态模式的主要应用区。

图2-3 "次乡村旅游景观区"区域概念示意图

7.2 链接跨区域景观群，发展"互通型"乡村旅游资源圈

乡村区域旅游景观的发展提升需要疏通重点旅游村之间的连接通道，依托乡村环境本底，从生态资源（乡村生态环境、资源），土地资源（可作旅游景观开发的非耕地类），农业资源（农业自然、社会、经济资源），人文资源（乡村文化、民俗），建筑资源（乡村村落、古镇等）和遗产资源（乡村物质遗产

与非物质传承遗产）中发掘乡村旅游资源的综合价值，可联通到重庆乡村旅游七大资源板块中去。依靠旅游链让资源板块间互相流通，衔接好各资源板块客群、区位、服务、配套、设施、资本和平台等旅游优势资源，对主城近郊资源板块（渝北统景温泉、沙坪坝虎峰山农业园等）、渝西北农业资源板块（潼南崇龛油菜花旅游区、大足雅美佳荷花湿地等）、渝西南古镇资源板块（江津中山古镇、永川松既古镇等）、渝东南民俗资源板块（彭水鞍子苗寨、酉阳乌江画廊等）、渝东北三峡资源板块（巫山小三峡、开县汉丰湖等）、渝中北林果资源板块（忠县中华橘城等）、渝东自然生态资源板块（南川生态大观园、武隆仙女山等）进行总体规划布局。

为推进智慧旅游乡村建设，加快重庆地区乡村旅游数字化、智能化发展，重庆市文化和旅游发展委员会2018-2022年评选公布了三批智慧旅游乡村示范点（见表2-2），以期实现乡村旅游景观资源的整体联动和多点互通。

表2-2 重庆市2018-2022年智慧旅游乡村示范点汇总

批次	地区	示范点
第一批	万州区	万州区甘宁镇楠桥村、万州区大周镇、万州区长岭镇安溪村、重庆东勋生态农业综合开发有限公司
	渝北区	五谷地度假农场
	巴南区	天坪山云林天乡、重庆市巴南区东温泉镇
	永川区	黄瓜山村
	开州区	龙王头山庄、后湖·水云天休闲度假村、钟坪山花谷、开州盛山植物园、重庆龙头嘴森林公园
	合川区	重庆合川涞滩古镇
	武隆区	武隆区和顺镇打蕨村、武隆区赵家乡、武隆区土地乡天生村
	梁平区	梁平区竹山镇猎神村
	涪陵区	涪陵区瑞禧度假休闲山庄、涪陵区义和镇松柏村、涪陵区义和镇临江村、涪陵区青羊镇安镇村
	丰都县	丰都县武平镇雪玉山社区、丰都县双路镇安宁村、重庆丰都江池横梁村
	石柱土家族自治县	黄水镇万胜坝、中益乡全兴村
	万盛经开区	青山湖国家湿地公园、板辽湖景区、丛林菌谷蘑菇总动员景区、青山湖尚古村落、关坝镇凉风村

续表

批次	地区	示范点
第二批	万州区	长坪乡中兴村、瀼渡镇高村村
	綦江区	小南海镇土家十三寨
	涪陵区	大木乡迎新社区
	大渡口区	跳蹬镇石盘村
	渝北区	大盛镇问仙谷
	巴南区	双河口镇羊鹿山、丰盛镇、鱼洞街道云篆山荷韵生态园、双河口镇乡村印象生态园区
	江津区	吴滩镇郎家村、蔡家镇猫山樱花博览园、西湖镇骆来村慈云镇小园村
	合川区	南津街街道友缘山庄
	永川区	何埂镇石笋山村
	铜梁区	南城街道黄桷门村
	城口县	北屏乡月峰村、北屏乡太平社区、巴山镇坪上村
	忠县	黄金镇黄金之恋·花田溪谷
	秀山县	石椰镇鱼梁村
第三批	万州区	孙家镇兰草村
	永川区	南大街街道八角寺村
	荣昌区	清江镇河中村、通安村
	合川区	友军生态园
	铜梁区	南城街道西来村
	綦江区	横山镇新荣村、丛林镇绿水村、金桥镇金堰村
	涪陵区	重庆雄驰农业开发有限公司、重庆伴玖拾文化旅游发展有限公司、重庆美心投资股份有限公司
	潼南区	崇龛镇明月社区、太安镇蛇形村、塘坝镇天印村、重庆市盛田良品农业发展有限公司重庆市潼南区浩然居田圆山庄休闲度假村
	长寿区	清迈良园
	江北区	五宝镇
	九龙坡区	中梁山街道共和村、草海湾公园
	丰都县	三建乡绿春坝村
	忠县	重庆市忠县灌湖旅游开发有限公司、重庆三峡橘乡田园综合体开发股份有限公司
	垫江县	沙坪镇毕桥村
	秀山县	秀山县佳沃农业发展有限公司
	云阳县	重庆景苗生态农业开发有限公司
	巫山县	曲尺乡权发村、双龙镇白坪村
	巫溪县	古路镇观峰村、红池云乡
	城口县	岚天乡
	奉节县	安坪镇三沱村、青龙镇大窝社区、兴隆镇回龙村、永龙镇白龙村
	石柱县	中益乡光明村、黄水镇金花村

除了重庆市级乡村旅游重点村以外，一部分乡村还升级到了全国级别。在文化和旅游部公布的 2019-2022 年全国乡村旅游重点村四个批次中，重庆共计 41 个入选。

第一批：永川区南大街街道黄瓜山村、武隆区仙女山镇荆竹村、合川区涞滩镇二佛村、万盛经济技术开发区关坝镇凉风村、大足区宝顶镇慈航社区、垫江县新民镇明月村、沙坪坝区曾家镇虎峰山村、荣昌区万灵镇大荣寨社区、巫溪县古路镇观峰村。

第二批：武隆区后坪苗族土家族乡文凤村、武隆区芙蓉街道堰塘村、石柱土家族自治县中益乡华溪村、铜梁区土桥镇六赢村、巴南区二圣镇集体村、巫溪县红池坝镇茶山村、梁平区竹山镇猎神村、丰都县双路镇莲花洞村、綦江区永城镇中华村、涪陵区大木乡迎新社区、酉阳土家族苗族自治县板溪镇扎营村、黔江区小南海镇新建村、南川区木凉镇汉场坝村、南岸区南山街道放牛村、荣昌区仁义镇瑶山社区、彭水苗族土家族自治县润溪乡樱桃井村、巫山县两坪乡朝元村、长寿区龙河镇保合村、北碚区东阳街道西山坪村、巫山县曲尺乡柑园村。

第三批：万州区长岭镇安溪村、九龙坡区铜罐驿镇英雄湾村、江津区先锋镇保坪村、巫山县竹贤乡下庄村、奉节县兴隆镇回龙村、潼南区崇龛镇明月社区。

第四批：重庆市沙坪坝区丰文街道三河村、重庆市南川区大观镇金龙村、重庆市璧山区七塘镇将军村、重庆市忠县新立镇文笔社区、重庆市云阳县清水土家族乡歧山村、重庆市秀山土家族苗族自治县梅江镇兴隆坳村。

随着"成渝双城经济圈"建设推进，川渝乡村旅游的协作提升，需要在科普教育、文创产品、度假康养、农业景观、民宿配套和产业服务等领域互通，把两地乡村景观资源统筹规划，明确"川渝景观一体化"发展定位，发展如"巴情渝怀""川渝集市"和"巴渝原野"等代表协作关系的新型乡村旅游项目，将"游、乐、食、宿、购"等游客体验功能融入新川渝"文旅"和"农旅"景观线路中，促进地区化旅游景观联通发展。由四川省文化和旅游厅会同省发展改革委、住房和城乡建设厅、农业农村厅等评选公布的30个天府旅游名村（成都市郫都区战旗村、成都市锦江区红砂村、崇州市竹艺村、蒲江县明月村、彭州市宝山村、攀枝花市仁和区迤沙拉村、自贡市沿滩区百胜村、泸州市纳溪区民强村、绵竹市年画村、绵阳市安州区齐心村、广元市利州区月坝村、青川县阴平村、大英县为干屏村、内江市市中区尚腾新村、峨边县底底古村、南充市高坪区江陵坝村、宜宾市翠屏区高桥村、高县大屋村、岳池县郑家村、宣汉县大窝村、通江县王坪村、石棉县安顺村、丹棱县幸福村、洪雅县红星村、乐至县旧居村、稻城县亚丁村、康定市若吉村、理县桃坪村、茂县坪头村、德昌县角半村），可与重庆地区三批重点旅游村实现互通，链接跨区域景观群，统筹策划设计乡村旅游的景观业态、产品、线路和重点融合示范项目，特别是把重点乡村景观资源建设联通到乡村旅游"景观资源圈"发展区块中，重点资源带动一般资源系统性发展。乡村景观又进一步延伸到川渝旅游互通链，重点村落联众创新，融合发展，进而优化乡村旅游景观发展格局。

8 协同区域文化资源，推动"巴渝乡村文化景观新走廊"发展策略

乡村文化景观是乡村旅游的重要方面，是村落居民日常行为与节日活动，以及与之相关联的历史文化体系世代传承的表现形式。其中，包含了生产工具、生产方式、生产习惯、生产节庆等生产文化；婚嫁、丧葬、建房、祭祖等民俗文化；"仁义礼智信，温良恭俭让，忠孝廉耻勇，诚悌勤雅恒"等为代表的中华民族传统美德礼教文化；依靠地理、阴阳、卜宅、相宅、形法、青囊、青乌、青鸟、堪舆等流派，探求风向、水流、山脉形势，协调建筑的方位、村落选址、布局与人关系的风水文化；佛教寺院、道家庙宇道观、伊斯兰教清真寺、基督

教堂等宗教文化建筑。乡村文化要素决定了乡村旅游的景观"气质",对物质性的乡村景观起到了重要的影响作用。

川渝区域虽有着共同文化积淀,但不少地区又发展形成了独具特色的地方文化种类。乡村旅游文化景观的发展需串联这种文化差异形态,形成"连廊"旅游关系,从三个方面进行联动发展,即文化产业协同、文化资源协同和文化旅游线路协同,推动川渝"乡村文化景观新走廊"发展。

8.1 川渝乡村旅游文化资源协同

协调两地域内的文化资源,渝地内水云龙、县衙出巡、城隍庙会等独具特色的民俗文化活动协同川地茶文化、熊猫文化、麻将文化、道教文化、酒文化、蜀绣文化、川剧文化。将文化资源融入川渝精品旅游路线,融入结构、融入内容,游客在观光休闲的同时,也能感受到"巴渝文化资源长廊"魅力带来的人文体验。从川渝宗教文化、音乐戏剧、舞蹈文化、美术文化、工艺文化、美食文化、传统节庆和古镇文化等资源类别方面分析两地的具体资源,提出文化资源协同发展策略(见表2-3)。

表2-3 川渝乡村旅游文化资源协同策略表

资源类别	川渝两地资源名称		文化资源协同策略
	重庆地区	四川地区	
宗教文化	大足石刻、潼南大佛寺、九龙坡华严寺、南岸慈云寺、老君洞、南川金佛山等	安岳石刻、达州真佛山、绵阳云台观、青城山上清宫、乐山大佛、峨眉山等	策划大足石刻和安岳石刻"巴渝石刻艺术景观新走廊"艺术联姻,规划两地联通旅游线路;打造金佛山—峨眉山—青城山"三山宗教文化艺术"特色专线等

续表

资源类别	川渝两地资源名称		文化资源协同策略
	重庆地区	四川地区	
音乐戏剧	巴南接龙吹打、秀山花灯、阳戏、梁山灯戏、木偶戏、皮影戏、木洞山歌、梁平癞子锣鼓、涪陵八牌锣鼓、彭水苗族土家族鞍子苗歌、秀山土家族苗族薅草锣鼓、梁平抬儿调、万州甘宁鼓乐、巴南接龙傩戏、綦江石壕杨戏、巫山踩堂戏，涪陵、云阳、巫山、潼南、奉节等地区的川江号子、板车号子、石工号子、南溪号子、龙骨坡抬工号子等	昆腔、资阳高腔、川西胡琴、南充绵阳弹戏、灯调五种声腔组成的川剧，还有灯戏、清音、傩戏、四川藏戏、羌族释比戏、木偶戏、皮影、雅安多声部民歌（硗碛多声部民歌）等	可把两地川江号子、山歌民谣、川渝音乐戏剧融入当地乡村旅游景观区，与生产、生活、节庆、旅游、消费等相结合；特别是独具特色的地方音乐戏种，如万州甘宁鼓乐、巴南接龙傩戏、雅安多声部民歌等，可定期开展川渝乡村旅游区"巴渝音乐文化"巡演活动，增强民族艺术对景观区的影响力
舞蹈文化	酉阳摆手舞（大摆手和小摆手）、铜梁龙舞（龙灯舞和彩灯舞）、彭水苗族土家族狮舞（地面狮舞和高台狮舞）、石柱土家族玩牛、忠县矮人舞、大足万古鲤鱼灯舞、开县巫舞、璧山大傩舞、北碚板凳龙等	阿坝地区汶川理县茂县、黑水、松潘等地的羌族"尔玛"、铠甲舞等，温江、郫县、德阳一带的民间舞蹈"蛾蛾灯"，九寨沟熊猫舞、双流黄龙溪火龙舞、阆中巴象鼓舞、越溪牛灯舞、开江拗棒。另外，还有"嘉绒锅庄""巴塘弦子""甘孜踢踏"等	构建"巴渝民族舞蹈文化长廊"，开发地方传统民族舞蹈与旅游的结合模式，可将一部分特色地方舞种表演形式融入川渝两地乡村旅游景观产品中，特别是有些相似类型的舞种，如龙舞、狮舞、灯舞等，可组织民间团体进行川渝两地交流展演，提升乡村旅游的动态文化体验氛围

续表

资源类别	川渝两地资源名称		文化资源协同策略
	重庆地区	四川地区	
美术文化	万州、巫山、大宁河两岸的三峡石画，綦江农民版画、九龙坡楹联、梁平年画、北碚烙画、大足剪纸等	德阳绵竹年画、色达藏族格萨尔彩绘石刻、自贡剪纸、川北剪纸等	传统工艺美术文化可作为"新巴渝文创产品"的旅游消费载体，根据两地同类型的艺术表现形式，可衍生出新型的乡村旅游文创产品。比如，将綦江农民版画、北碚烙画、三峡石画与德阳绵竹年画相结合，荣昌折扇加入蜀绣元素，梁平竹制工艺融合自贡扎染等，在现有工艺美术旅游商品基础上，创新发展，避免出现同质化旅游消费品，打造新型的"新巴渝"乡村旅游文创产品
工艺文化	荣昌安陶、夏布、折扇，大足龙水刀、垫江牛角制品、梁平竹制工艺品、万州黄杨木梳、合川峡砚、城口漆器、彭水苗族土家族朗溪竹板桥造纸、秀山土家族苗族龙凤花烛等	蜀绣、蜀锦、自贡扎染、川北大木偶、广元麻柳刺绣、江安竹簧雕刻等	
美食文化	重庆火锅、合川桃片、忠县香山蜜饼、璧山来凤鱼、万州烤鱼、垫江石磨豆花、云阳张飞牛肉、涪陵榨菜、秀山米豆腐、武隆碗碗羊肉、綦江北渡鱼、梁平张鸭子、黔江鸡杂、酉阳绿豆粉、江津米花糖、城口老腊肉、永川豆豉等	成都麻辣烫、麻婆豆腐、绵阳江油肥肠、自贡冷吃兔、攀枝花爬沙虫、泸州合江烤鱼、德阳罗江豆鸡、广元女皇蒸凉面、遂宁卓筒鸡、乐山甜皮鸭、资阳乐至烤肉、宜宾李庄白肉、阿坝藏族羌族自治州奶渣包子、甘孜藏族自治州花馍馍、南充川北凉粉、达州开江豆笋、雅安贡椒鱼、凉山彝族自治州建昌板鸭、眉山东坡肘子、简阳羊肉汤等	策划"巴味渝珍"川渝传统特色美食大赛，共享乡村丰收宴等活动，挖掘川渝两地地方独有特色美食，弘扬巴渝传统美食文化。既要原汁原味老味道，又要从游客、市场、消费、食材、就餐环境等角度进行美食创新，注重绿色、健康、有机，就地取材，开发"巴渝厨房"乡村旅游新菜系，如打造乡村素食餐厅、巴渝美食馆、乡村美食自助宴席等

续表

资源类别	川渝两地资源名称		文化资源协同策略
	重庆地区	四川地区	
传统节庆	磁器口庙会、忠县柑橘文化节、开县三色（梨花、桃花、油菜花）旅游文化节、大足宝顶香会节、丰都鬼城庙会、铜梁龙灯艺术节、苗族赶秋节、巴南区温泉旅游文化节、垫江牡丹文化节、荣昌区年猪文化节等	龙泉桃花会、阿坝藏族羌族自治州麻孜会、都江堰放水节、广元女儿节、彝族火把节、理塘赛马节、雷波都阳节、南坪博裕补年节、赶苗场（每年举行两次，流行于叙永、古蔺一带）、夹江蔡侯会等	可在两地传统节庆活动基础上，在一些乡村旅游区策划农民趣味运动会、农耕文化体验、共享丰收宴、庆丰收文艺活动、农产品现场展示展销、网络直播带货、特色产业节会、乡村文化艺术节、庆丰收文艺表演、农耕技艺展示展演等活动，体现乡村丰收节的乡土气息和文化韵味
古镇文化	沙坪坝（磁器口古镇）、渝北（龙兴古镇）、大渡口（义渡古镇）、綦江（东溪古镇）、合川（涞滩古镇）、巴南（西流沱古镇）、江津（中山古镇）、荣昌（万灵古镇）、酉阳（龚滩古镇）、永川（松溉古镇）、铜梁（安居古镇）、潼南（双江古镇）、涪陵（蔺市古镇）、黔江（濯水古镇）、万州（罗田古镇）等	雅安（上里古镇）、宜宾（李庄古镇）、双流（黄龙溪古镇）、南充（阆中古城）、理县（桃坪羌寨）、蒲江（西来古镇）、广元（昭化古城）、眉山（柳江古镇）、内江（罗泉古镇）、乐山（清溪古镇）、龙泉驿（洛带古镇）、邛崃（平乐古镇）	结合历史文化、建筑特色、人文景观、文化古迹、交通条件等因素，根据各区县地区古镇点位，为川渝两地打造新一批古镇旅游线路，串联两地部分古镇，游客无论是自驾还是随团游，都可以体验到川渝两地不同的古镇建筑风貌、人文习俗差异

8.2 川渝乡村旅游文化产业协同

以游客交往方式为互通渠道，以文化业态为串联要素，以文化认同为链接桥梁，建立川渝文化产业协同示范点。可先由川渝两地相邻区县乡村开始试点，试行"1+1"文化产业对接模式，如四川达州市万源市对接重庆城口县，四川宣汉县对接重庆城口县和开州区，四川开江县对接重庆开州区和梁平区，四川达川区对接重庆梁平区，四川大竹县对接重庆梁平区和垫江县，四川广安市邻水县对接重庆垫江县、长寿区和渝北区，四川华蓥市、武胜县、岳池县对接重庆市合川区，四川遂宁市船山区、安居区对接重庆市潼南区，四川蓬溪县对接重庆合川区、潼南区等。在跨区域文化产业协同方面，四川资阳可牵手重庆铜梁，打造体验"千年古邑"与"蜀人原乡"；四川广汉、安岳合作重庆大足，推进三星堆文化、安岳石刻与大足石刻文旅联动等。通过文化产业协同发展，带动两地更多文化资源加入合作，逐步形成"走廊型"文化旅游发展关系，实现川渝两地以文促旅、以旅彰文的协同目标。

在打造"巴渝乡村产业新走廊"上，重庆地区可配合文化和旅游部编制《巴蜀文化旅游走廊建设规划》，会同四川省文化和旅游厅，与重庆渝北区、巴南区、大渡口区、璧山区、两江新区等川渝约63个市、区、县发起成立巴蜀文化产业乡村旅游推广联盟。以川渝协同共建、互补共赢、创新驱动、产业融合、生态优先、绿色发展，以文塑旅、以旅彰文，区域协调、合作共建等为发展原则，依托两地区丰富的乡土文化、民俗文化、物质遗产、非物质遗产等文化资源，推进文化资源的旅游产业化及创新发展进程，川渝可推出"美丽乡村，人文巴渝"等乡村旅游景观特色工程示范基地（园区），近期选择10~20个重点古镇、村寨群落、农业文化园、乡村文化公园等作为试点示范，联合承办巴蜀乡村文化节。以此牵头，打造产业协同领头羊，中远期再根据文化产业布局选择50个左右的重点项目持续开发建设。

8.3 川渝乡村旅游文化线路协同

在川渝乡村旅游文化线路协同发展方面，参考文化和旅游部、国家发展改革委、重庆市人民政府、四川省人民政府联合印发的《巴蜀文化旅游走廊建设规划》，结合两地文化资源、文化产业发展现状，可共建川渝乡村旅游文化"两核、三带、四区和多线"。

（1）两核：重庆主城和成都主城为两个文化核心区。

（2）三带：串联"成渝巴蜀文化乡村旅游带""长江上游生态文化旅游带"和"巴渝乡村文化遗产精品旅游带"。

（3）四区："古蜀文化与嘉陵山水休闲旅游协同发展区""佛教石窟石刻艺术与乡村旅游协同发展区""巴渝乡村民俗文化与江河风光旅游协同发展区"和"武陵山—乌江流域乡村生态文化旅游协同发展区"。

（4）多线：以万州—开州—达州—巴中—广元、重庆—合川—阆中—成都、重庆—永川—自贡—乐山—雅安、重庆—江津—泸州—宜宾、彭水—武隆—万盛—宜宾、巫山—万州—石柱—酉阳、重庆—广安—达州—城口—巫溪、重庆—合川—潼南—遂宁—绵阳—阿坝—甘孜、南川—重庆—大足—资阳—成都、重庆—綦江—江津—荣昌—眉山—成都"五横五纵"十条旅游支线为骨架（见表2-4），具体发展如巴蜀文化遗址探索线路、长江上游文化生态旅游线路、石窟石刻艺术文化遗产线路和原生巴蜀古道文化旅游线路等带有强烈巴蜀特色的精品文旅线路。在巴渝文化传承、文化艺术合作、文物保护利用、公共文化服务协同发展方面共建，形成"快旅漫游"巴蜀文化旅游网络，打造巴渝乡村旅游特色文化连廊，提升重庆"山水之城·美丽之地"和四川"天府之城·安逸四川"的整体旅游形象。

表 2-4　"五横五纵"文化线路协同策略表

"五横五纵"旅游通道	文化线路协同策略
①万州 —开州 —达州 —巴中 —广元	以"上束巴蜀，下扼夔巫"的"川东门户"重庆万州为起点，探寻万州巴楚文化、移民文化、石刻文化、寨堡文化和商埠文化等特色地方文化；游览锦绣开州，感受"弄潮开州人"的文化底蕴；体验达州"石桥烧火龙"和"大竹唢呐"；游览巴中摩崖造像，感受巴人、巴风、巴俗；以女皇故里广元为终点，沉浸于广元"说不完的奇山异水，道不完的传奇历史"
②重庆 —合川 —阆中 —成都	链接重庆主城区和成都两个文化核心点，两点一线串联两个历史文化名城；探索合川"巴蜀文化旅游走廊新地标"的钓鱼城古战场遗址；出渝入川，游览阆中古城，感受"阆苑仙境、风水宝地"的阆中历史文化
③重庆 —永川 —自贡 —乐山 —雅安	以重庆主城历史文化核心区为起点，到永川黄瓜山乡村旅游新气象；体验盐都自贡的草雕、彩灯、柳棍等特色民间文化；游览"山川秀发，商贾喧阗"的古嘉定文化传承地乐山，品美食，仰大佛；最后来到"西蜀天漏"的雅安，体验"雅安三绝"（雅雨、雅鱼、雅女）
④重庆 —江津 —泸州 —宜宾	以两江交汇核心点重庆主城为起点，跨越到曾经的川黔山区的商品集散地—中山古镇、白沙古镇，领略航道古镇风光；追寻到长江上游的古"江阳"泸州，领略"泸州八景"；顺流而上，到达"蜀南竹海"的"万里长江第一城"宜宾
⑤彭水 —武隆 —万盛 —宜宾	以少数民族特色旅游点彭水为起点，感受福事歌诀、彭水苗绣、娇阿依苗歌等乡村民族风情；体验武隆仡佬族乡村民俗文化；游览万盛丛林菌谷等"美丽乡村"建设成果；最后游览宜宾翠屏竹溪谷、幸福胡坝、橘香小镇等乡村旅游文化点

续表

"五横五纵"旅游通道	文化线路协同策略
⑥巫山—万州—石柱—酉阳	以神秘的"巫山文化"为探索起点，感受龙骨坡抬工号子带来的文化律动，以声为带，串联到万州特色"川江号子"，在此品美食、赏夜景；随音而行，参与到"声动土家"的石柱土家族特色民族活动；最后，到酉阳桃花源体验丰富的民俗文化和完整的民风传承
⑦重庆—广安—达州—城口—巫溪	从重庆主城核心区出发，到广安体验云童舞、坐歌堂、岳池灯戏等乡村民俗；游览达州丰富多彩的文化遗产，如开江拗棒，宣汉马渡山歌等；参加大巴山彩叶文化旅游节，观游大巴山原生态自然村落独特风情；最后，到"巫咸古国""上古盐都"的巫溪游览生态旅游文化
⑧重庆—合川—潼南—遂宁—绵阳—阿坝—甘孜	从重庆核心区一路向西，穿越合川火烧滩、钓鱼城；游览潼南文旅融合绘就的油菜花海美丽画卷，携手"东川巨邑"遂宁共建红色旅游联盟，到遂宁游览圣莲岛荷花景观；再到绵阳探寻古巴蜀"嫘祖文化""大禹文化"等；最后，到阿坝、甘孜体验藏文化民俗风情
⑨南川—重庆—大足—资阳—成都	从南川金佛山"天光"佑"卧佛"开始，探寻佛教与石窟石刻艺术文化，穿越重庆文化核心区到达世界八大石窟之一的大足石刻；再到资阳感受摩崖造像的石窟带来的宗教艺术差异；两地作为在巴蜀文化旅游走廊的新地标，是重庆成都两核心的重要文化旅游节点
⑩重庆—綦江—江津—荣昌—眉山—成都	两核心点连一线，串联非遗文化线，从重庆至成都，中间游览綦江"农民版画"，体验非遗"永城吹打""中峰吹打"；品尝江津传统美食；到荣昌特色"非遗三宝"，夏布、折扇和荣昌陶；再到"千载诗书城"的眉山游览众多非遗项目

9 联合"政、企、校、村"多向发展，共建乡村旅游"景观品牌化"策略

9.1 "政、企、校、村"联合机制

随着国家乡村振兴战略的深入推进，乡村振兴发展遇到的问题也是乡村开发旅游所面临的问题，乡村旅游的发展不是单向景观资源的推进，而是需要社会多向资源的共同推力。重庆各地乡村在环境、生态、配套、设施和民俗文化等方面都有所差异，差异化为旅游景观品牌的打造提供了先天条件。乡村旅游景观项目的形成是抓住了乡村特色，发展出了观赏、休闲、采摘、体验、科普等不同景观旅游业态的特色品牌活动，如开州区"浪漫开州花满城"赏花旅游季系列活动、彭水县樱花旅游文化节、潼南区油菜花节、合川响水滩荷花生态园、忠县"三峡橘乡"和北碚温泉旅游节等。

乡村旅游"景观品牌化"的打造需要"政、企、校、村"多向联合：首先，乡村旅游景观的提升需要把创新理念与乡村振兴战略紧密结合，构建"乡村出题，高校答题，高校衔接专业设计机构，政府政策支持，企业及社会力量也共同助推下次旅游景观项目落地"的联合模式（如图2-4）。

图2-4 乡村旅游景观"政、企、校、村"多向联合发展模式

其次，乡村旅游的发展要根据内部现状提出问题，把问题转到高校和社会创新平台，高校科研机构、师生团体和校外专业设计机构。根据问题和村民意向深度融合，从规划设计专业化角度共同建设，重新布局旅游景观，形成"多方融合＋共同参与"的未来乡村旅游风尚。

最后，在乡村旅游发展过程中需强化政府、企业、高校和村集体的协作关系，以企业旅游开发为支点，依靠政府扶持，高校创新和人才流入乡村，联合众多社会力量，多点联合，科学规划，形成"政、企、校、村"联合机制，打造精品线路和优质乡村旅游"景观品牌"。

9.2 旅游景观品牌化联合打造策略

乡村旅游业是市场导向性很强的产业，只有符合市场经济运行规律的开发项目，才会得到发展。因而，在投资决策时要做充分的乡村旅游市场分析，坚持"谁投资，谁受益"的原则，鼓励多样化投资主体，确保自下而上的投资动力和乡村旅游发展的活力。旅游开发选择以目前重庆现有或待开发的乡村旅游区域为项目示范点，开发智慧型、振兴型、扶贫型和统筹型四种乡村旅游景观品牌，分期分年度持续探索，推进"政、企、校、村"联合发展旅游景观品牌化的创新模式发展，以此向周边村镇（聚落）延伸，为该模式发掘更优质的项目。

第一类是智慧型乡村旅游景观品牌，一期选择21个试点。以重庆市文化和旅游发展委员会2022年评选公布的第三批智慧旅游乡村作为智慧型乡村旅游景观品牌试验点，以"政、企、校、村"创新联合为基础，推动社会面共同关注，分三个批次，每批7个乡村进行社会面试点。第一批：如万州区孙家镇兰草村智慧旅游示范点、永川区南大街街道八角寺村智慧旅游示范点、荣昌区清江镇河中村智慧旅游示范点、铜梁区南城街道西来村智慧旅游示范点、綦江区丛林镇绿水村智慧旅游示范点、潼南区崇龛镇明月社区智慧旅游示范点、巫山县曲尺乡权发村智慧旅游示范点。根据第一批次的试验情况和完成效果，调整规划第二、三批次，并向周边村落发展辐射，发掘更多更具特色的智慧型乡村旅游景观，形成特色旅游品牌。

第二类是振兴型乡村旅游景观品牌，一期选择25个试点。在渝东北、渝东南、渝西北和渝西南四大旅游板块中进行村庄选择，从重庆2022年第三批45个乡村旅游重点村庄名录中选25个村庄进行乡村振兴项目试点，以旅游为联结纽带，打造一批乡村振兴旅游示范品牌。依靠国家乡村振兴战略，以政策导向为基础，以高校和设计单位为启动点，政府资本和社会资本共同融入，共同开发建设。如城口县厚坪乡龙盘村乡村振兴旅游示范点、万州区大周镇五土村乡村振兴旅游示范点、黔江区阿蓬江镇高碛社区乡村振兴旅游示范点、涪陵区大顺镇大顺村乡村振兴旅游示范点、长寿区邻封镇邻封村乡村振兴旅游示范点、石柱县石家乡九龙村乡村振兴旅游示范点、酉阳县桃花源街道天山堡村乡村振兴旅游示范点、江津区中山镇常乐村乡村振兴旅游示范点、北碚区柳荫镇明通村乡村振兴旅游示范点、合川区小沔镇李湾村乡村振兴旅游示范点、万盛经开区黑山镇南门村乡村振兴旅游示范点等。

第三类是扶贫型乡村旅游景观品牌，一期选择20个试点。2021年，中央一号文件正式提出"全面推进乡村振兴 加快农业农村现代化"的主题，实现脱贫攻坚，乡村是关键。重庆市1918个贫困村主要集中在渝东南和渝东北，2015年脱贫出列808个，2016年脱贫出列884个，2017年脱贫出列128个，2018年脱贫出列65个，2019年脱贫出列33个。扶贫型乡村旅游景观品牌的打造，要求试点乡村具有一定的农业基础，以农产品方面作为品牌打造的出发点。例如，万州区安溪村，基础设施建设滞后、村级经济薄弱，是典型的贫困村、"空壳村"。2016年，在政府及社会面的助力下，在安溪村援建了约150亩的产业示范园，主要种植了6000株翠玉梨，以农产品作为扶贫产业带动，规划了一条农旅融合的道路。到2021年，5年期间，安溪村完成硬化公路22.5千米，新修旅游公路3千米，实施人行便道23.5千米。其中，通往安溪村的入村道路由 3.5 米拓宽到 5.5 米，绕村的环形路、连通果园的产业路、通到水库的旅游路实现了升级改造，不仅实现了脱贫，还走出了一条特色农旅融合道路。通过此案例不难发现，扶贫型乡村旅游景观品牌的打造可以通过"政、企、校、村"共同助力，以特色农产品为发展起点，稳步推进，持续发展，分批改造，最终会实现独具特色的乡村旅游品牌。通过乡村旅游链，完成乡土产品向社会旅游商品产业链的转移，增加农业生产体验性、休闲性和娱乐性的旅游比重，高校和设计研究单位对部分农产品进行设计创新，造就一批符合市场需求的旅游文创产品，提高旅游附加值，以此提高农民收入。以旅游农产品为发展起点，吸引社会面人群共同助力打造新的居住、生产和教育环境，共同扶贫建设开发，继而进一步优化示范点的旅游环境，形成良性循环。

第四类是统筹型乡村旅游景观品牌，一期选择 30 个试点。统筹型乡村旅游景观品牌打造主要是依托重庆主城区城市旅游资源，以旅游连接城乡，统筹促进各区、县乡村旅游发展的类型。大渡口区跳蹬镇蜂窝坝村、大渡口区跳蹬镇石盘村、沙坪坝区回龙坝镇回龙坝村、沙坪坝区歌乐山街道歌乐村、九龙坡区陶家镇文峰村、南岸区南山街道石牛村、渝北区兴隆镇新寨村、巴南区南泉街道迎龙村、巴南区南彭街道水竹村、璧山区正兴镇沙塝村等。上述部分乡村在发展乡村旅游方面有着区位、客群和资源等特色优势，是城市旅游资源延伸区域。此外，这些乡村聚落也是主城区高校、设计单位较为临近的区域，便于开展社会实践，能够更好地跟踪其发展态势，能根据市场需求及时更新发展项目。在政府政策方面，相较偏远乡村，政策落实度较强，"政、企、校、村"连接会更紧密。

10 打造多类型"艺术+"模式乡村旅游景观发展策略

相比高楼林立、嘈杂喧闹的城市而言，乡村拥有更为广袤的人居环境空间环境，乡村旅游是运用感性而艺术的设计语言，以简约朴素无华为主题，将原生态自然文化与现代景观艺术融合。乡村旅游发展创新的关键在于景观吸引力，"桃花源"般的乡村美景是游客向往的旅游场所，但并非所有乡村区域都具备得天独厚的自然景观资源，而是需要结合自身资源特色，发掘旅游新亮点，增强不同类型的景观对客群的吸引力。艺术以其风格灵活，表现形式多样，受众群体广泛，乡村旅游发展的重要景观载体，常见的景观表现方式有大地景观艺术、稻田景观艺术、创意雕塑艺术、乡村墙绘艺术、乡村涂鸦艺术、乡村音乐艺术节、乡村美术作品展等。

艺术改变乡村的案例有很多，如山东省寿光市田柳镇东头村，是一个被墙绘艺术改变的村庄，在寿光市开创了艺术改变乡村，艺术推动乡村旅游的先河。2018年4月份，该村依托"先生书院"邀请来自全国各大艺术院校130余名艺术家和高校师生前来创作，如清华大学美术学院、中央美术学院、四川美术学院、山东艺术学院等高校，成功举办了"艺术改变乡村"的乡村涂鸦艺术活动。最终完成乡村艺术涂鸦墙绘作品120余幅，其中巨幅艺术作品12幅，涂鸦游览路线总长达3千米，绘画面积超7000平方米，成功地吸引了周边乃至全国各地游客前来参观游览。东头村由一个非常普通，毫无特色的村庄变成了如今的"网红村"。整个村子被画成了彩色的，每天围观人数超过了5000人，期间不断地被报道，超过百万人关注此事。

2019年，东头村被中国国家画院公共艺术中心评为"最佳乡村公共艺术奖"。透过东头村艺术改变乡村的实践，不难发现，随着物质生活的改善，乡村对精神文明和先进文化的需求越来越强。通过举办涂鸦艺术节，使现代视觉艺术与传统艺术文化融合，美化乡村人居环境，营造艺术氛围，满足了人们对美好生活的期待，还激发起了各界人士回报桑梓、热爱生活的精神力量，推动无资源、无特色、无产业的普通乡村也能向旅游产业靠拢，实现了"花最少的钱办最好的事"。

由此引发了"艺术改变乡村"的实践热潮。该发展模式的成功，也带动了周边乡村纷纷效仿，出现了一批成功案例。例如，周边古城街道，以番茄种植业出名，番茄种植成为该乡镇农业主流，是当地农民收入的重要来源，成为全国最大的番茄生产经营集散地，被誉为"中国番茄之乡"。这个乡镇多个村庄以"番茄艺术"为主题，发展出形式多样的艺术融合形式，带动了乡村旅游的发展。

从近几年国内乡村旅游整体走势来看，多元化艺术表现形式更易与乡村旅游发展产生共鸣，艺术融入乡村，艺术设计与乡村旅游结合的"艺术+"模式将会激发乡村旅游巨大潜能，可适用于田园观光类、建筑改造类、休闲农业类、生态景观类、文创体验类和科普教育类等。依据重庆地区综合市场需求、消费心理、建设成本、生态基础等方面，从艺术美学和景观规划角度研究发展策略（如图2-5）。

发展类型	景观规划发展策略	发展案例
"艺术+"乡村观光类	依托乡村农业资源，从艺术纹样、造型、色彩和肌理等方面统筹设计，发展"农+旅+艺"相结合的田园观光策略，以油菜花、葵花、稻田等田园作物为创作的基底。在景区入口、中心观光区等重要节点规划不同尺度、图案、主题的大地艺术景观	重庆潼南崇龛油菜花景观区 重庆北碚柳荫稻田景观
"艺术+"建筑改造类	保留传统村落、古寨、古镇等乡村传统建筑风貌，艺术介入建筑的营造、设计与建设，艺术院落、艺术粮仓、艺术工坊、艺术水巷、艺术庭院、艺术步道、艺术墙绘"等乡村旅游建筑新面貌。艺术家、设计师、村民和游客都可参与其中，形成"共享共建、文旅融合、艺术改变、游客参与"的传统村落艺术改造发展策略	重庆荣昌万灵古镇 重庆九龙坡含谷镇塞山坪 重庆北碚柳荫乡村艺库
"艺术+"休闲农业类	以多元休闲农业旅游业态融合发展为支撑，融入田园美学、时尚艺术和审美体验，将艺术与山水、林盘、田园、生产、民俗结合，唤醒乡土记忆。规划乡村艺术活动场地，设计不同主题的农业艺术景观，将田间音乐会、蔬果采收、农耕体验、艺术营地、乡野新艺等多种休闲农业体验活动融入其中	重庆开州谭家镇花仙村 重庆巫山县曲尺乡
"艺术+"生态景观类	在尊重乡村自然生态和人文生态基础上，从形态、文化、产业、治理四位一体式打造"未来生态艺术景观"。在湿地、林地、农田等观光区增加生物为基础的立体游览构筑。规划乡间的生态艺术走廊、找寻生态交通体验，打造"云亭、云廊、云桥、云台"等立体艺术景观把艺术性与乡村生态相融，营造有诗意、健康、雅致、宁静的生态家园与原生旅游文化	重庆南川黎香湖风景区 重庆巴南东温泉旅游生态区
"艺术+"文创体验类	发掘乡村传统文化中的本真样态和文化内涵，实施"艺术家驻村"计划，创意创新为基点重新认识和阐释乡村文化。乡村艺术家可以运用到景观墙面铺装、入口标识、构筑物小品等景观方面。合理规划体验活动的场地配套、空间尺度、交通游线，满足动态化体验活动	重庆铜梁龙舞体验 重庆长寿柚乡文化旅游节 重庆开州大进镇茶旅融合园
"艺术+"科普教育类	规划设计乡村旅游艺术标识系统、乡间植物科普展示、动画宣传、彩绘墙等艺术写生场地、民俗艺术体验和红色教育旅游基地等。打造宜居、宜游、宜学、宜乐的艺术教育空间	重庆万州农业公园 重庆綦江红色旅游街

图2-5 乡村旅游景观"艺术+"模式发展类型与策略

10.1 "艺术+"乡村观光类

乡村观光休闲旅游的模式就是组织游客参观乡村优美风景，通过在乡村、田野中漫步放松心情，享受休闲时光。"艺术+"乡村观光类发展策略需依托乡村景观资源，结合本地景观现状，融合艺术要素，提升景观价值。

（1）增强景区入口的艺术吸引力

观光类乡村旅游景观的入口作为景区发展的门户区，是展现此类项目旅游特色的重要起始点，除设置游客中心建筑（含办公室、商品售卖、卫生间等）、停车场、户外休憩、紧急救难、活动广场及休憩步道等设施外，独特的艺术表现是景区入口设计重点。增强景区入口吸引力可从入口艺术形象入手，从规划尺度、选材用料、形象设计、色彩搭配等方面，对入口标识、雕塑、构架、大门等进行艺术设计，与观光主题相结合，从观光主题（如油菜花海、十里桃花园、茶山竹海等）提炼设计元素，融合本地特色民风民俗，让此门户区成为观光旅游的吸引亮点。

（2）提升主观光区的艺术魅力

就观光主体而言，观光类乡村旅游的核心行为是审美，由此，旅游资源的价值取决于其审美价值，而审美价值必须具有普适性，客群能够形成较为统一的旅游观感。艺术之美可分为自然之美与人工之美。对于自然之美，主观光区应尽量保持其原貌、原态、原色，发挥其本色美学优势；对人工之美，需要在艺术审美基础上进行统一规划，以"点""线""面"的空间设计方式布局在主观光区中。游客在观花赏花、观光牧场、观光渔村中能够体验大自然的原始美、乡村生态美、独具特色的人工自然美，在山清水秀的自然风光和多彩多姿的民族风情中，感受自然与艺术共同带来的心灵慰藉。除此之外，还需根据不同的观光类型进行分类研究，对乡村艺术花海（油菜花、薰衣草、向日葵等）、乡村大地艺术（麦田图案、稻田画、层叠梯田、丰收田园等）、乡村建筑观光（重庆吊脚楼、川东院子、古街古镇、名人故居、寺院庙宇等）、水上观光（荷塘、水田、湿地、河流、湖泊等）等类别，在游览区各个节点，根据主题进行特色化艺术设计。美学引领、艺术点亮，是提升乡村旅游层次，让主观光区成为持续吸引游客的一个创新策略。

（3）呈现与地方旅游特色元素融合的艺术作品

艺术乡建的作用，不仅在于给乡村"美容"，还在于激活地方的乡村文化资源，将其变成乡村旅游的特有资产。绿色景观和田园风光为主题的重庆乡村旅游景观主要是依托不同乡村地域的自然背景，结合生产要素和旅游市场需求发展起来的。在呈现与地方旅游特色元素融合的艺术作品方面，"艺术+"乡村观光类需要融合地方特色，从艺术纹样、造型、色彩和肌理等方面统筹艺术设计，将民俗艺术文化、地方生产文化、特色艺术符号等融入项目创意、乡村艺术品设计、消费产品等内容中，发展"农+旅+艺"相结合的田园观光策略，改变乡村旅游的单一观光属性，也在一定程度上延续了观光类型乡村游的时间周期。可在油菜花田、稻田中展现的大地图案艺术，将本地特色文化典故、名人旧事、公序良俗等提炼为艺术表现符号，通过点位控制，完成图案框架，再根据植物色彩特性，如稻田艺术中使用红叶稻、紫叶稻、黄叶稻、白叶稻四种天然彩色水稻，加上本地的常规稻种，按照一定的色彩表现比例进行种植，最终实现大地景观创作。每年随着作物的生长周期，会有1~2季不同艺术作品呈现，并随着时间的推移，景观会随之动态发展，植物图案就会在不同作物阶段展现不一样的色彩效果。

10.2 "艺术+"建筑改造类

在"艺术+"建筑改造方面，可在保留传统村落、古寨、古镇等乡村建筑原有风貌基础上，通过艺术介入，设计与建设乡村艺术聚落、乡村艺术馆、乡村记忆馆、乡村艺术工坊、艺术粮仓、艺术水渠、艺术庭院、艺术步道、艺术墙绘等乡村旅游建筑新面貌，艺术家、设计师、村民和游客都可参与其中，从建筑立面、建筑空间与村落环境三个方面进行艺术化改造，达到"共享共建、文旅融合、艺术改变、游客参与"的乡村旅游发展目标。

（1）建筑立面艺术化改造

对于目前乡村建筑立面改造，多见于综合材料型墙体装饰、新技术型墙体装饰和涂鸦型墙体装饰三种艺术表现形式。综合材料型墙体装饰需从主题出发，从环保角度，对废旧材料或特色本土材料进行二次艺术加工，实现其再生价值，如"灯光墙""花束墙""功能墙"和"创意墙"等；新技术型墙体装饰需要借助不断发展更新的多媒体技术，应用新型科技材料和科技手段，以建筑墙面为载体，实现科技和艺术的结合，包括多媒体互动墙（见表2-5）。

表2-5 综合材料型和新技术型墙体装饰改造策略表

墙体装饰类型	艺术改造特色
古香古色的"灯光墙"	将可回收的木板、透明玻璃瓶等废弃物品回收再利用，与各种彩色灯具、折纸花等材料进行组合设计，对发展乡村旅游的建筑群落进行统一布局，形成古香古色的"灯光墙"艺术
香气宜人的"花束墙"	乡村农舍建筑的环境之美，需要淡雅清新装饰，一束花、一捆棉、几个相框等生活常见的元素物件，经过艺术设计重新组合，利用植物特性，可形成香气宜人的"花束墙"，与乡村田野气息融为一体
观赏两用的"功能墙"	从环保角度出发，回收可利用的废弃的镜子、玻璃、木板、石材、砖材、彩色瓷砖、隔板架、绿植等材料，进行墙面空间改造和装饰，让其不仅具有艺术观赏性，还能够形成兼具储物、展台等多用途的"功能墙"空间
融入农耕的"创意墙"	乡村山石、竹林、农田、花草、农具等元素既可独立成景，又可融入乡村建筑墙面，如磨盘嵌入墙面、竹材、木材堆成图案，青石砖按一定艺术纹样铺成图案，融于墙面，形成材料利用面广、造型创意独特、组合方式多样的"创意墙"。轮胎、花盆、木桶、雨鞋材料等也都可按一定次序进行组合，配合植物品种，即可形成层次分明的"绿植墙"。多样化的元素，不仅达到了功能性和观赏性兼具的景观目的，还可以通过智能元素的融入，产生互动乐趣
多媒体互动墙	可在白底多媒体装置墙面上均衡排列着许多黑点，当触碰者移动大黑点或墙面元素时，墙面会随触碰者的图案发生幻化，此案例是由Büro Achter AprilAMMk为德国柏林的跨媒体数字文化节创作的一面多媒体互动墙

续表

墙体装饰类型	艺术改造特色
LED互动墙	LED互动墙应用广泛，建筑墙面融入科技智能元素，不仅能满足游客，特别是儿童爱玩、好动的天性，充分释放大脑的想象力，还可以跟随游客动作，不断变化，形成趣味十足的互动墙
石墨导电墙	由于石墨是元素碳的一种同素异形体，因此，石墨具有导电性。设计艺术家们把握这一特性，巧妙设计出能在墙面运动的"神奇"趣味墙
翻牌互动墙	这种技术也称为动态反转系统，它是采用微软的硬件、软件控制系统，加上反转机械系统，形成能与游客互动的翻牌墙面
人影互动墙	将人影与智能系统进行融合，产生不同层次的互动效果

涂鸦型墙体装饰是墙绘艺术与街头绘画艺术的结合方式。国内外乡村旅游案例中有许多成功项目，如波兰Zalipie村、韩国壁画村、葡萄牙贝尔蒙特小镇、中国台湾"彩虹村"、中国寿光台头村等（见表2-6）。通过分析案例，借鉴其发展特色，结合打造项目的现有资源情况，定位艺术主题，打造丰富多彩的墙绘美景。

表2-6 涂鸦型墙体装饰艺术改造案例借鉴表

案例地区	创意墙绘主题	可借鉴之处
波兰Zalipie村	四季花海艺术	在波兰郊区的Zalipie村，是有着四五百人的小乡村。在这里能发现，从屋内到屋外，从生活用品、装饰品、陈列品到室外空间环境，都有不同风格的花卉墙画。从村民自发改善房屋外貌到政府有序规划，不断发展为小有名气的旅游村，成为当地乡村旅游的一个特色品牌，整个村庄也被誉为"民间艺术博物馆"
韩国壁画村	动画艺术	韩国近几年在发展乡村旅游方向上偏重通过艺术改变乡村，特别是出现很多壁画村的乡村旅游案例，如韩国首尔梨花壁画村、釜山甘川文化村、江东区姜草漫画村、仁川十井洞壁画村等村落。一幅幅动漫壁画，一处处色彩鲜艳的墙壁装饰，不同壁画主题呈现出不一样的艺术空间。通过在乡村墙面进行壁画创作，不仅美化了周围环境，更成为游客们向往的治愈心灵的休闲旅游场所

续表

案例地区	创意墙绘主题	可借鉴之处
葡萄牙贝尔蒙特小镇	多面之美	葡萄牙在发展乡村旅游方面，注重艺术家表达墙绘创作主题的独特性。在贝尔蒙特小镇上有一幅黑白变幻的夜光墙画，白天是正在生长的树藤，晚上是一幅握手图案。它的多面变幻，是葡萄牙艺术家和画家们根据当地种族问题以及犹太地区的生活习俗而创作设计的。它被命名为"The peace of belmonte"，寓意着整个社区的和平与完整，引发众多游人前往观赏
中国台湾"彩虹村"	不考究之美	中国台湾"彩虹村"用最简朴、最幼嫩的卡通形象，以"不宏伟"的主题、"不讲究"的色彩，创造了"不考究"之美。此外，彩虹村还将农耕田园、动漫卡通等元素融入墙画，不仅装点了乡村风貌，更逐渐成为远近闻名的网红拍照打卡之地，悄然成为乡村旅游特色之地，唤起游客们对心中乡村单纯美好的环境向往
中国寿光台头村	艺术改变乡村	中国寿光台头村举办了"艺术改变乡村"的乡村涂鸦艺术活动，来自全国各地的艺术家和美院师生在此完成乡村艺术涂鸦墙绘作品120余幅。其中，巨幅艺术作品12幅，涂鸦游览路线总长达3千米，绘画面积超7000平方米，成功吸引了周边乃至全国各地游客前来参观游览，发展出"用艺术描绘乡村"，带动乡村旅游发展的新模式

近几年，重庆地区围绕乡村振兴、乡村旅游等方向进行了"艺术改变乡村"的实践探索，特别是由重庆教育部门牵头，组织各大高校开展乡村振兴竞赛，各区县乡村区域也积极配合高校师生和社会团体的实践活动。如"耕筑巴渝·沁润山乡"美育活动暨"2020超级建筑师大赛"，由重庆市风景园林学会、重庆市南岸区教育委员会、中共重庆市万盛经开区党工委宣传部和重庆交通大学主办，包括创意构建、创意插花、创意剪纸和创意墙绘四个赛项。其中，创意墙绘赛项，作品内容要求围绕"各美其美·同心缔造"主题展开，选手们用手中的画笔去描绘出一幅幅精彩的画面，融入并进一步展现出传统村落的风景。

图 2-6 重庆外语外事学院学生团队墙绘作品《丝路乡韵》设计图

作品要求体现传统村落的农耕文化,以达到保护传统村落,保存千年以来的田园风景及其人文内涵,树立生态文明理念,尊重社会文明传统,弘扬精神文明传统的目的。深入乡村,用艺术语言描绘美丽乡村(如图 2-6)。

图 2-7 学生团队墙绘作品《丝路乡韵》绘制过程组图

作品以"多彩重庆,丝路乡韵"为设计理念(如图 2-7),突出山城吊脚楼传统建筑特色,将层叠错落的重庆山地建筑空间形态与花田丝带相结合,展示蓬勃发展的乡村。结合"绿水青山就是金山银山"乡村振兴发展理念，为乡村旅游描绘出"绿野乡间、花田觅香、山寨错落、青烟袅袅"的现代乡村景观环境。

（2）建筑空间艺术化改造

乡村的建筑应该有自己的风格和艺术特点，乡村建筑空间艺术化改造重点在于从建筑室内外环境入手，把控整体设计风格要依托乡村景观优势，乡村材料优势、乡村人力资源优势等打造新时代的乡村旅游建筑空间。例如，安吉山川乡村记忆馆设计项目，地块位于乡村主干道边，紧邻溪水，现状为废弃厂房。在现有条件下，设计团队从"木头搭搭，黄泥刷刷，旧砖垒垒"设计主题出发，用乡村营造建筑的方式进行改造，在建筑顶面空间中设置多处天窗，外立面也用了大量玻璃材质，除了满足建筑内部采光需要，还能引入青山绿水的风景，将景观、功能和艺术充分融合。设计师在改造工程中还注意收集村民造房子剩下的红砖，并以当地黄泥墙工艺作为建筑外表皮装饰。设计师与村民共同营造，门窗都是由本地的乡村木匠现场制作，乡土材料的使用使建筑内部空间朴素自然。建筑墙面内外材料一致，室内地面用水泥做磨光处理，屋顶保留了原始乡村木屋骨架的结构美感，软装以乡土原木为主，使建筑、室内和景观环境融为一体，更能体现乡村建筑之美。通过改造设计，落地开放，村民和游客也逐步参与到了其中，游客在此能够感受到山水自然之美和新时代乡村聚落环境之美，特别是每逢节假日，这里都会举办各种主题聚会，也成为孩子喜欢的读书、绘画乐园。乡村记忆馆展现的不仅是乡村文化的传承，也是新生的乡村旅游建筑艺术品。

（3）村落环境艺术化改造

除了乡村环境艺术化改造外，古镇和特色旅游小镇的结合建设要按旅游城镇的风貌进行控制，拓展古镇建筑景观资源，找到区域自然文化景观要素与市场的契合点，从旅游景观规划角度不断升级，转型为具有地域特色的新型古镇，旧貌换新颜，使新型特色小镇本身就成为旅游的吸引物之一。改造乡村院落的同时，尽量保留其原有的木架结构和川东民居特色，用老木料对损坏的木结构进行更换，增加钢架结构支撑，外形上依旧维持木架形式。院落改造方面可利用乡村资源进行修旧如旧，打造乡村艺术博物馆、乡村美术馆、乡村图书馆、乡村艺术剧场等项目。游客期望的村落环境艺术可能是漫步于稻田和院落，随处可见形态各异、充满创意的乡村艺术作品。如用稻草、野草制作的各种人偶；乡村房屋外墙上的猫咪雕塑；树枝、竹材、木材边角料等搭成的树屋；废弃石料、砖材垒砌搭建石头屋；旧木料搭建乡村小剧场，举办川剧、金钱板、杂剧等重庆本土曲艺活动；干枯草、竹子编制成动物草球、动物竹木构架创意作品等。这些艺术作品用料都可从乡村就地取材，与周围的环境融为一体，修缮后的建筑院落与乡村环境完美地融合在一起。游客既能在这里体验乡村活动，又能欣赏乡野艺术之美。乡村成为艺术的载体，也因艺术而绽放光彩。

10.3 "艺术＋"休闲农业类

以多元休闲农业旅游业态融合发展为支撑，融入田园美学、时尚艺术和审美体验，将艺术与山水、林盘、田园、生产、民俗结合，植入艺术元素，唤醒乡土记忆，规划乡村艺术活动场地，设计不同主题的农业艺术景观。具体可分成四大板块，即农业生产板块、农业体验板块、农业景观板块和农业创意板块，将农作物观光、蔬果采收、农耕体验、艺术营地、乡野厨艺、田间音乐会等多种休闲农业活动融入其中。因此，发展"艺术＋"休闲农业旅游是兼顾生态效益、经济效益、社会效益，是实现农业生产资源利用率最大化、环境污染最小化的一种低碳环保型乡村旅游方式。

（1）"艺术＋"休闲农业生产

农业生产是发展乡村休闲农业旅游的基础，农业类别由生产要素决定，艺术元素的融入在于提高农业生产的旅游价值，增加农业生产经济附加值。发展

"艺术+"休闲农业生产需要厘清各地区农业资源现状，针对农业生产特性有序开展旅游规划。用艺术的语言描绘生产的景象，用艺术的语言为生产景观增色，美术、音乐等艺术表现形式都能与各色农产品结合，或具象或抽象，形式多变。例如，重庆各地的油菜生产，每年2月下旬是油菜花开花的初始期，3月是油菜花田景观旅游高峰期，4月清明节前后是油菜花凋谢期，5~6月是菜籽收获期。发展油菜花景观旅游需要在每年旅游高峰期到来前，就提前规划艺术花田、田间观光小屋、乡野艺术雕塑、大地艺术图案等，美丽与收获并存，在农作物生产周期内都能体现其应有的价值，因此也是现代乡村农业生产循环发展之道。

（2）"艺术+"休闲农业体验

乡村休闲旅游农业是传统农业过渡到现代农业的一个产物，也成为吸引游客前来体验，提升土地价值的关键所在。依托观赏型农田、瓜果园，观赏苗木、花卉展示区，湿地风光区，水际风光区等，加入艺术动态或静态体验元素，或是美景成画，或是乡音缭绕，都能使游人身临其境地感受田园风光和体会农业魅力。

乡村农业体验旅游主打单日游和周末游，可为不同游客群体设计相关休闲农业类互动景观艺术项目，如乡野采摘、亲子互动休闲艺术空间、儿童艺术活动基地、手工艺术制作馆、开心艺术农场等；观赏类如观景艺术塔楼、摄影艺术基地等设计项目。让游人在参与农事活动中充分体验农业生产带来的旅游乐趣，同时还可以开展农业种植艺术示范、科普教育示范、科技艺术示范等项目。

（3）"艺术+"休闲农业景观

休闲农业是将农业生产、自然生态、农村文化和农家生活变成商品消费，结合当地文化艺术特色设计各种艺术体验活动。把城里人吸引到农村体验生活，通过身临其境地体验农业、农村、农民资源，能够深入农村特色的生活空间，体验乡村风情活动，享受休闲农业带来的乐趣，以满足其愉悦身心的需求。为满足游客的不同游览需要而创造的艺术景观产品体系包括：农家风情建筑景观

（农业庄园别墅、田野小木屋等）、农业风情休闲场所（乡村特色商街、农业主题演艺空间等）等。"艺术＋"休闲农业景观的打造还需开发乡村民间特色技艺、民间歌舞等一系列文化艺术休闲旅游项目，增加农业休闲游的文化艺术内涵，用文艺旅游带动本地区乡村建设。具体包含了四种主题类型：一是利用乡村农耕技艺、农耕节庆、农耕产出物等，规划农耕特色艺术休闲体验主题活动；二是利用乡村民居风俗、民俗着装、饮食传统、民俗技艺、丰收活动、游艺习俗等，规划民俗特色艺术主题活动；三是利用乡村歌舞、民间技艺、传统戏剧、节日表演等，规划乡土特色艺术主题活动；四是利用民族美食、民族村寨、民族舞戏、民族歌曲、民族宗教、民族服饰等，规划民族特色艺术主题活动。

（4）"艺术＋"休闲农业创意

"艺术＋"休闲农业创意是以艺术活动体验、农村农事体验、农业观光体验、养生度假体验、乡村文化体验等为创意主题，具有创意养生、创意养美、体验乡村创意品位的功能。通过文化、艺术创意与乡村休闲农业的结合，可以赋予现代农业更多的旅游文化内涵与旅游创意亮点，使其变得别具一格，独具特色，让创意型休闲农业在乡村旅游市场具有更高的定位。借助创意产业的思维逻辑和发展理念，可以将现代科技和现代文化艺术要素融入休闲农业，进一步拓展传统农业功能、整合资源，发展乡村特色种植、乡村丰收创意体验艺术活动、乡村创意艺术街区、乡村田埂艺术空间、乡村记忆创意馆、乡村星空夜景基地、乡村创意摄影景观空间等，把传统农业发展为融生产、生活、生态、艺术、体验于一体的"创意农业"。

10.4 "艺术＋"生态景观类

在尊重乡村自然生态和人文生态基础上，考量旅游环境的自然程度（从原始的自然地区到人居乡村），在旅游活动（从生态旅游到大众旅游）及空间规划（从无开发行为到中高强度开发）方面，进行有序的规划布置，确保环境保育及旅游活动的合理发展。从形态、文化、产业、治理四位一体来打造"未来生态艺术景观"，在湿地、林地、农田等观光区增加生态观光立体游览线路，规划跨越乡间的生态艺术走廊、栈道等生态体验，打造"云亭、云廊、云阶、云台"等立体生态艺术景观，把艺术性与乡村生态相融，营造有诗意、健康、雅致、宁静的生态环境与原生旅游方式。

（1）艺术生态聚落开发

与城市聚落景观格局相比，乡村聚落景观格局因与自然完美融合，具有独有的人文艺术价值，其整合了丰厚的乡土资源，在美学价值和旅游价值方面更具有优势。丘陵农田风景中的干石墙、艺术雕塑、向日葵田、乡村风车、乡村木桥等处处都散发出田园乡村的独特艺术魅力。此外，还需系统性地构建生态聚落对外的网络式交通，与周边景区的无缝串联，丰富艺术活动类型，完善乡村聚落旅游配套设施，依据自然资源合理分布艺术设计景观。

艺术生态聚落开发需要做到保护与开发并进。艺术生态聚落保护方面，加强各类建设的风貌规划和引导，保护好村庄的特色风貌，保护自然和田园景观等整体空间形态与环境；重点修复传统建筑集中连片区，保护原有生态艺术肌理、乡村风貌及建筑特色；保留村落的传统选址、格局、风貌，保护文物古迹、传统村落、民族村寨、传统建筑、农业遗迹、灌溉工程遗产。艺术聚落生态景观的开发方面，需要做的是"锦上添花"，在原始生态乡村美景基础上，以"点"的规划形式进行艺术设计布局，既要减少对原有生态环境美的破坏，又要体现现代生活艺术场景；对原有乡村硬件进行重新设计修缮，融入现代设计手法，加入现代设计材料，以最低的成本实现最好的艺术价值，让游客在原始自然乡村美景中，也能体验到现代艺术的元素。

（2）艺术生态环境共建

艺术生态环境的打造需要与村民共建，通过艺术唤醒乡村活力，探索乡村振兴背景下乡村居民践行生态文明的创新方式。对可利用的乡村本地景观艺术资源分类共建，在不侵占永久基本农田和生态保护红线、不突破国土空间规划建设用地指标等约束条件，以及不破坏自然环境和历史风貌的条件下，可在村庄建设边界外就近布局发展乡村生态艺术游。如重庆忠县磨子土家族乡竹山村开展生态花园共建活动，包括栽种花木、制作艺术花箱、共同创作艺术品等。首件竹山村生态振兴花园的共建艺术作品叫作《山邻》，一件可以随风而动的艺术作品，呈现了一些重庆濒危鸟类的身影，还结合了竹山村特产金橘元素。山间生灵与人为邻的美好场景，多个珍稀鸟类与金橘嬉戏的画面，既关注了生物多样性主题，也表达了对乡村振兴美好未来的期许。

10.5 "艺术+"文创体验类

随着乡村旅游文化创意产业价值链的增值环节逐渐增多，价值链开始出现明显的多头分解现象。而艺术赋能乡村，艺术赋能文创产业，给乡村旅游的发展带来了新的发展活力。

"艺术+"文创体验类型的乡村旅游景观开发需要发掘乡村传统文化中的本真样态和文化内涵，可实施"艺术家驻村"计划，以艺术创新为基点重新认识和阐释乡村文化，乡村文创元素可以应用到地面铺装、入口标识、构筑物小品等景观方面，合理规划体验活动的场地配套、空间尺度、交通游线，满足动态化体验活动。其中，"文创+"旅游景观设计即以景观设计为主体，结合当地乡土文化和民间艺术，如重庆乡村地区的特色诗歌绘画、神话故事、谣谚山歌、川江号子、舞蹈戏曲等文化载体结合旅游市场需求，融入景观规划理念，从总体规划布局、分区节点设计、专项设计和旅游策划等方面打造新型文创旅游景观模式。在艺术设计旅游品牌打造方面，持续开展以创意设计赋能乡村旅游品牌建设、旅游文创品牌艺术设计创新战略、纯艺术旅游品牌建设等乡村旅游品牌开发模式，构建重庆地区创意艺术设计赋能乡村旅游品牌建设、旅游文创设计的智库平台。

"艺术+"文创体验可将艺术创意、开放、多元的理念与重庆乡村旅游特色相结合，举办当代乡村艺术展、乡村艺术沙龙、艺术潮流市集以及乡村短视频大赛等活动。将乡村艺术盛会与旅游消费结合，充分发挥艺术活动的联动效应，推出知名艺术文创机构和艺术家设计的新潮好玩儿的乡村艺术衍生品以及重庆各区县乡村本地特色文创产品、非遗文创产品等。以艺术为主题，以交互化、沉浸式为方式，让来到重庆乡村旅游的外地游客和本地游客都能融入全域全季乡村旅游的美好体验中，促进巴渝乡村文化创意产业的发展与提升。

10.6 "艺术+"科普教育类

"艺术+"科普教育类可以重新规划设计乡村旅游艺术标识系统、乡间植物科普展示、动画宣传、彩绘科普墙、乡间动态艺术教育雕塑、乡村艺术教育场地、乡村户外教室、科普园地、民俗艺术体验和红色教育旅游基地等，打造宜居、宜游、宜学、宜乐的艺术教育空间。针对大多数城市孩子缺乏农业发展历史、农业技术、农耕传统、农耕文化、农耕种植知识的教育现状，可利用农业观光教育园、农业科技生态园、农业产品展览馆、农业博览园等，面向中、小学生及幼儿园开展农业观光、参与体验，乡村DIY教育等农业教育和乡村美育，为游客提供了解农业历史、学习农业技术、增长农业知识的旅游活动。国内相关案例较多，如少儿教育农业基地、杨凌农业科技观光园、山东寿光蔬菜博览园等。

在乡村景区艺术标识系统设计方面，好的版面设计要考虑不同年龄层次游客使用者的感受，运用图文并茂的内容，加入艺术和技术表现手段，让游客可以轻松而直接地理解传达的信息，达到牌识设置的简单目的。图文内容是标识系统的主体，标牌本体的设计及布点应有助于标识系统的内容传达，图文内容需要专业设计人员精心策划与设计，景区标识牌应近邻硬质铺装安放，避免增加游人的踩踏面积，如有需要，应设专设铺装。标识牌的安置应注意视距和视角以及不同群体的视高，使内容清晰可见，避免遮挡，标识牌应采取重复的方法提高标识系统的形式和表达方式的连续与统一控制展示的信息量，标识牌颜色及位置的选择应考虑与周围环境的图底关系，如环境的照明、颜色。此外，关于警告牌标识，应采用国际通用的色彩及图示，提供无障碍的信息。面板材质应具有足够强度（抗刮、耐磨、耐压、耐撞等）、具有户外耐候性（抗晒、耐雨、耐风蚀、耐冲刷等）、信息表现清晰的材质，尽可能就地取材，选择环保可回收材料，降低环境污染，降低成本。牌识基座应以稳固、安全、美观为优先考虑，材料选用及设计上可适当地融入本土乡村旅游的环境资源特色，提倡艺术创新设计，避免过度设计。

除了在乡野体验，还需建造一系列乡村教育科普建筑，让城乡儿童都能从乡村旅游发展中得到教育机会。建筑物设施包括酒店、户外教室、森林小屋、主中心（包含欢迎中心、大厅及行政中心）、餐厅、教学教室、艺术创作教室、学员宿舍等；户外建筑空间设施则包括入口迎宾区、步道、赏鸟小屋、树屋、悬吊桥、园艺教室、漂浮教室、友谊剧场、植物工厂户外体验设施等。

"艺术＋"科普教育最重要的是让青少年儿童亲身感受乡村大自然，运用真实的乡村环境作为教室，采取多样性的学习方式，整合科学、技术与艺术，作为永续性乡村科普实训艺术示范基地，为学习者提供有别于正规学校教育的学习体验。以"土地故事"为乡村环境教育精神，规划相应的教育课程及活动场域；依据不同的教育对象，设计不同主题、认知程度的课程。让乡村场域设施配合多元化课程进行设计，成为支持乡村旅游、学习的最佳辅助工具。打造乡村科普教育旅游园地，可由教育专家、设计师、艺术家牵头，村民、儿童、游客共同参与设计，运用科技、艺术落实到乡村环境，使相关乡村设施也成为环境教育的最佳教材之一。通过在大自然旅游学习的方式，将乡村环境艺术教育旅游深植在游客心中，并带回到城市生活中实践。目前，国内已经有乡村环境教育相关旅游规划项目，但仍缺乏深度环境教育的良好典范，未来"艺术＋"科普教育类项目引入后，可将其作为引领乡村环境艺术教育发展的示范。

11 营造乡村旅游"沉浸式"体验景观发展策略

随着"沉浸式"旅游的火热，乡村景观的提升也需要探索"沉浸式"旅游的发展模式。"沉浸式"乡村旅游广义上是指：当游客进行乡村旅游活动时，身体、情感被带入到景观场景当中，通过视、触、听、嗅觉等全景式体验，让游客全身心融入的情景式旅游模式。

"沉浸式"乡村旅游的景观营造需以"动态沉浸"和"静态沉浸"作为游客体验方式，从交互式、感知式和融入式三个方面构建其复合型关系（如图2-8），改变"扁平化、低互动"的现有发展格局，探索旅游叙事哲学思考，发展以游客行为心理为导向，突出乡村人文关怀情景的旅游模式。

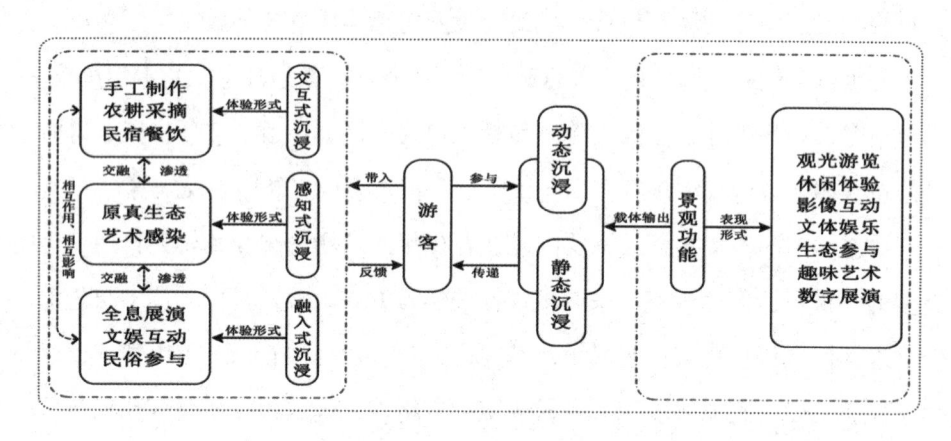

图 2-8 构建乡村旅游"沉浸式"体验复合型结构图

11.1 乡村旅游"交互式沉浸"发展策略

乡村旅游"交互式沉浸"发展是以交流互动为主要代表类型的农事、节日和消费体验"交互式"旅游项目，如绿色生态采摘、手工产品制作、乡野农业互动、水上娱乐运动、草丛CS实战、田园小火车、乡村养生瑜伽等旅游内容，形成游客与景观之间的"参与—传递"交互关系。乡村旅游"交互式沉浸"旅游属于"动态沉浸"范畴，需要与生态农业动态旅游发展相结合，从农业生产、农业生活和乡村产业三方面进行策略研究（如图2-9）。

图2-9 沉浸式生态农业旅游构成图

（1）生态农业生产方面

"交互式沉浸"旅游可从农业种植和农业旅游发掘动态旅游资源。农业种植如莲藕水田、药草种植、有机农场、禽畜养殖等是农业生产的基础，也是乡村农业动态观光旅游，实现人与物互动的基础；农业旅游是在生态农业种植养殖业基础上开展如动物农场体验、农田观光体验、采摘垂钓体验、乡村餐饮美食品尝体验、乡村道路骑行体验、田园歌剧声乐体验等互动型沉浸旅游，在生态农业中寻求乡村生态原貌，感受生态农业带来的乡村旅游多元体验方式。对农业生产中的播种、浇灌、施肥、收割、养殖等活动进行包装编排，让游客们在乡村农业旅游过程中体验农作物传统耕种方式，参与各种趣味性的耕作互动活动，既能让游客感受自然生态，回归乡村原野，又能知晓农业生产活动的不易。

（2）生态农业生活方面

"交互式沉浸"旅游还体现在乡村风俗节庆、特色居住和有机餐饮等生态农业生活方面。乡村风俗节庆一直是与游客保持互动关系的重点旅游发展项目，戏剧、歌谣等艺术形式带来的旅游观感，让游客更易于沉浸在这种群体互动氛围中；生态农业旅游的特色还体现在生态性方面，随着科学技术的进步，乡村不再是贫困的代名词，有越来越多的生态技术融入乡村生活，乡村疗养、乡村现代农业旅游、绿色建筑旅游、太阳能智能化旅游等生态旅游方向能让城市游客更好地融入；互联网"云农旅"是一种新兴的乡村旅游模式，体现了城市人对乡村健康有机食品的信任，可发展绿色餐厅、绿色有机食品加工，建立有机食品物流链，让游客无论沉浸在乡村种植体验，还是互联网云端"云菜地""云果园""云农场"，线上线下都可以旅游互动，体会到不同方式的旅游互动乐趣。

(3) 乡村生态产业方面

"交互式沉浸"旅游需要依附于集市交易、医药、农产品加工等乡村生态产业，发展乡村旅游集市，打造乡村"农业奥特莱斯"，让游客在乡村商品贸易互动中体验乐趣，购得所需，感受乡村热闹的集市"赶场"文化，建立乡村物流中心，让乡村农副产品、手工产品、特色艺术品等能够随着旅游带动，走得出来；拓展生态农业产业发展渠道，将乡村特色食品加工和特色餐厅作为吸引游客的亮点，从原材料到成品，游客可以全过程参与其中；在医药旅游方面，需提高科研研发和农业创新，提高中药种植品质，让乡村医药种植成为一个新的旅游增长点，建立医药科普教育基地，让游客能从中学习到相关健康疗养知识，对药用植物种植过程全面了解。

11.2 乡村旅游"感知式沉浸"发展策略

乡村旅游"感知式沉浸"主要体现在静态观光旅游方面，其注重乡村旅游情感因素的"沉浸式"满足，发掘原生景观旅游资源，从景观规划布局，景观内容、旅游方式拓展等方面展现重庆乡村原真生态、艺术感染魅力。通过建设生态博物馆、乡村大舞台等景观嘉年华平台，开发稻田公园、田园氧吧、原野观光和乡村大地艺术等景观体验内容，使游客能深刻感受到乡村风土风貌的原真形象。

（1）原真乡村景观感知沉浸

游客到乡村旅游的初衷是发现不一样的美景，让身心放松愉悦，所以自然景观与乡村聚集区的融合较为重要，既要体现"炊烟袅袅，鸡犬相鸣，牛羊青草，小桥流水"的乡村真实生活气息，又要留住"潺潺流水，鸟鸣莺啼，绿树环绕"的原生态自然景观美。乡村旅游开发的目的是通过搭建"平台"，让这些美景更好地呈现给游客，让游客沉浸于乡村原真，感受与城市不一样的生活气息。游客的消费又带动乡村经济的改善，构建起持续发展的绿色经济，以"生态"之笔绘就乡村振兴"绿色答卷"。在发展"感知式沉浸"旅游模式上，需要从游客生理、心理诉求方面出发，重点打造具有当地传统乡村特色的旅游点，提供乡野观光、乡村住宿体验、田园耕作、度假疗养等功能内容。如"慢生活"乡村度假园、原生态景观体验园、乡村婚纱摄影基地、乡村生活体验馆和乡村美食自助餐厅等。

（2）乡村大地艺术感知沉浸

色泽鲜艳的格桑花，金黄的油菜花、向日葵花，及不同季节的植物花卉吸引着无数的蜜蜂、蝴蝶在花间起舞，乡村花田里面洋溢着一派喜气洋洋、生机勃勃的景象，多彩的乡村艺术，让不少前往乡村地区踏青、赏花、摄影的游人沉浸其中流连忘返。其中，大地艺术景观愈来愈受到旅游市场青睐，它是运用各种图案艺术，以大尺度艺术之笔描绘乡村景观，展现乡村大地之美，包含了麦田怪圈图案、彩色稻田艺术、油菜花图案艺术等，其中稻田彩画大地艺术最为受关注。

日本在乡村稻田彩绘大地艺术方面发展较快，如青森县、日本岩手县奥州市、山形县米泽市、宫城县仙台市、新潟县燕市、栃木县那须盐原市、埼玉县越谷市和爱知县安城市等。其中，青森县田舍馆村最为出名。青森县田舍馆村稻田彩绘选择的题材除了当地独有的特色内容，还包括卡通动漫、影视作品场景、传统历史人物、体育人物、各种形态的动物等，素材包罗万象。

青森县田舍馆村是日本青森县内面积最小的自治体，位于青森县中部，平川和浅濑石川的交会处，是一个人口不到一万人的小村庄。因为这里的土质非常好，所以从"弥生时代"就开始种植水稻，当地人也以水稻文化为自豪，成为重要的文化传承要素，每年都会举办不同主题的稻田画艺术展来吸引游客。稻田艺术彩画不仅可以观赏，发展乡村旅游，还可以让游客体验彩色水稻种植和收割，给传承了几千年的水稻种植文化活动添上了丰富的现代旅游色彩。发展到今天，他们的水稻彩绘在图案选材、绘画难度和水平都在不断提高，甚至可以通过稻田画描绘人物各种细节，如服饰、配饰、人物表情等。

稻田艺术画设计需要根据提供的艺术素材图样，在图纸平面画的中心位置进行点位确定，以此为中心画好"田"字格，水稻田中"田"字格的中心位置要与图纸中心位置保持一致，用绳子围出框架，在"田"字格不同区域，也要同等分拉好线，按平面图纸上的网格标准，在稻田大地里用竹签等材料依次插点定位。同一色块，先用竹签插外围一圈，然后去除掉里面原有秧苗，手动插上彩色稻秧苗。时间安排上，一般在稻田插秧后五天左右，就开始绘画准备工作。育苗期间，要及时拔去杂株或异色秧苗，确保彩色稻秧苗颜色一致。最后还需要做好田间管理，包括对秧苗色彩查遗补漏，确保全苗，统一水肥管理，补秧工作结束后拔去定位竹签，再及时去除异色稻株等。待水稻长成后，"画作"颜色清晰、栩栩如生。发展稻田彩绘大地艺术需要大量志愿者、游客、艺术家、设计师来到田间，共同参与水稻种植，游客可以沉浸在艺术创作中，观察稻田"艺术成长"过程，感知乡野气息，乡村大地艺术发展模式也将成为带动各地乡村发展的重要桥梁。

11.3 乡村旅游"融入式沉浸"发展策略

乡村旅游"融入式沉浸"发展需要借助科技手段，将3D、AR、VR等技术应用到乡村景观项目内容中，带动游客身心，特别是情感的融入，从体验中获得愉悦感。可运用主城区位优势、市场运营优势，融入城市科技元素到乡村旅游，发挥乡村科技园、生态科技园、科普教育基地等成熟项目的辐射带动作用。统筹乡村山、水、林、田、湖等生态资源，开发掌上农场、水墨乡村科技展览馆、乡村数码公园、乡村数字科技园、现代农业博物馆、数字客栈、田园影院等乡村旅游新业态，打造一个集生态农业、科普体验、科技乡村、休闲旅游于一体的田园乡村"融入式沉浸"旅游综合体。提升科技旅游的景观应用效果，在重庆部分乡村旅游示范区发展以乡村动态全息影像、VR数字景观体验和媒体艺术展演等新媒体技术为主导的光影夜游乡村旅游项目，把高科技技术方法与地域乡村文化、艺术、产业和民俗交融，使游客能够感受到新技术与旅游结合带来的全新体验。通过融合科技元素激活乡村旅游，推动"农、文、旅"的深度融合，促进农业旅游产业链科技延伸，带动农民增收、推进农村发展、完成第三产业升级，展现"科技助力，科普先行"的乡村共同富裕场景。

"融入式"科技旅游是目前旅游困境下的发展新契机，已经开始影响旅游业发展的内容、方式、规模和速度。在乡村旅游领域，可以拓展渠道，采用线上线下结合的方式进行"虚拟旅游""互联网沉浸式旅游""3D旅游"等，推动"旅游＋科技"，如"乡村云旅游""乡村云观展""乡村云购物""乡村云体验"，人们足不出户就可游遍乡村世界。游客可以借助VR技术"飞越重庆乡村"，在乡村上空，俯瞰多彩乡村美景，融入虚拟现实中去；也可以打造"重庆乡旅数字平台"，通过"数字多宝阁"，欣赏重点乡村旅游项目三维模型；还可以在项目平台用手机扫码下载"全国乡旅"APP，体验全国各地乡村旅游景区的在线景观预览和订票服务。科技改变着人们的旅游习惯，客观上也加速了乡村旅游目的地的"智慧型"发展进程。

12 规划"轻干预式"农旅生态旅游景观发展策略

农业是乡村旅游发展的重要景观资源，所以理解乡土，了解农业，剖析生态是开发乡村农旅的关键。农旅融合的发展模式既要展现农业景观风采，把一年四季的动态农业景观合理开发，融入乡村旅游中；又要保持良好的农业生态循环，权衡旅游发展对农业生产带来的影响，避免大拆大建，过度规划和干预，旅游新农村建设不可一味模仿城市。因此，为了合理开发新型农业旅游景观，推动乡村农业生态保护性开发，创造农业生态附加经济，农旅开发宜采用"轻干预式"景观规划设计原则。从旅游步道规划和乡土材料应用两个方面进行设计研究，减少旅游对农业作物、土地结构和生态的破坏。

12.1 "轻干预式"旅游步道规划

旅游步道是旅游线路和步道构造形式的结合，步道可分为地面步道和架空栈道。地面旅游步道可结合田间现有田埂路进行半硬化，除此之外，需探索更多立体交通旅游方式，增加游览趣味性，最大程度减少占用耕地面积，降低对农业生态的干预程度。以油菜花农旅景观为例，"红色飘带"和"空中连廊"分别为中、高空旅游步道设计，采用栈道架空方式可节省土地空间，保持生态稳定，不影响农业耕作，又可以给游客带来全方位开阔的观景视角，步道下方空间可设计座椅平台，为游客和农业生产人员提供田间遮蔽与休息空间。"轻干预式"旅游步道规划发展需要因地制宜，依形就势力，根据地形特点、生态因子、产业特性、旅游主题、项目定位和政策导向性等规划设计不同特色的旅游步道系统（见表 2-7）。根据步道类型（入口步道、自然步道、台地步道、运动步道、艺术步道、田埂步道、游乐栈道、红色飘带、空中连廊、滨水步道、湖中栈道），提出步道规划策略，应用到乡村旅游的不同项目场景中。

表2-7 "轻干预式"旅游步道规划发展策略

步道类型	步道规划策略	适用场景	步道规划设计图
入口步道	景区入口空间的步道设计需依照地形特点，尊重场地特质，按照一定比例尺度进行空间规划，并考虑到游客集散，步道要求通行畅通，具有主题特色	景区入口中心节点	
自然步道	自然步道设计要注重游览过程中的乡村景观组织，根据乡村地形，在原有路基上应用本土环保材料进行道路拓宽、加固、硬化，整体规划要保留乡土道路特色，路牙边界宜采用碎石或植物过渡	乡土景观自然牧场农场原野	
台地步道	台地步道适合地形复杂的梯田旅游景观，通过场地高程数据分析，结合现有台地田埂路规划蜿蜒盘旋的盘山旅游步道	梯田景观山地茶园	
运动步道	在乡野公园、乡村体育公园、乡村生态公园等项目中，用塑胶混凝土结合等材料规划乡野生态运动步道，让游客在田园运动中享受乡村清新空气，欣赏运动沿线的乡村美景	运动公园体育公园乡野公园	
艺术步道	在游览步道两侧围合构筑物来限定步道空间，用木编、竹编、藤编、草编等乡村手工技艺编织不同空间尺度、肌理、色彩、造型的艺术装置，并根据四季变化，营造不同主题，形成独具特色的乡村艺术步道	艺术走廊乡村舞台	

续表

步道类型	步道规划策略	适用场景	步道规划设计图
田埂步道	以乡村田埂路为基础，利用城市废弃石料、木材、砖材和再生材料等进行路面混合拼装，规划采摘步道、游乐步道、摄影步道、休闲步道等	生态田园 开心农场 生态采摘	
游乐栈道	以低架空构造方式规划旅游栈道，可以更好地串联景区游乐内容，根据山地地形的起伏变化，"随形就势，遇低架高"的道路规划方式可以减少景区开挖对土地的破坏	儿童园地 生态空间 田园迷宫	
红色飘带	以艺术化"红色飘带"设计方式，在乡村景观核心区用木材、耐候钢板等材料规划半架空景观步道，增加防护栏杆，串联各个项目景点，让游客通过蜿蜒曲折步道游览乡村美景	稻田景观 油菜花海 生态公园	
空中连廊	采用高架空方式，将观景高台与旅游步道相结合，构成环形空中连廊，柱基用石材，骨架装饰用防腐木材、竹材等轻便廉价材料，顶部设计防雨遮阳棚，游客可体验360°的高空美景，对农业也不会产生影响	油菜花海 大地景观	
滨水步道	在乡村河流、小溪、湿地等滨水岸边设计滨水步道，宜采用架空木栈道方式，选材要注重材料的耐磨、耐潮和防滑特性，近岸2米范围水深超过0.5米要增加防护栏，栈道两侧可增加乡村废弃原木用于景观装饰	湿地公园 滨水农场 生态保育	

续表

步道类型	步道规划策略	适用场景	步道规划设计图
湖中栈道	在水域较大湖泊景观区可设置水中栈道,与观景台、观景塔、观景楼阁等观景构筑相结合,护栏处更增设导览、科普等标识牌,也可增加阿基米德水泵,形成内容丰富的旅游栈道	水上农场科普园地	

在技术工艺方面,游览木栈道的路基可由平铺的面板层(密集排列的木条)和木方架空层两部分组成。面板层常用桉木、柚木、冷杉木、松木等木材,其厚度要根据下部木架空层的支撑点间距而定,一般为4~6厘米厚,板宽一般为10~20厘米,板与板之间宜留出3~5毫米宽的缝隙。木栈道不应采用企口拼接方式,面板不应直接铺在地面上,而是下部要有至少一定高度的架空层,以避免雨水的浸泡,保持木材底部的干燥通风,设在水面上的架空层,其木方断面的选用要经计算确定。

乡村木栈道所用木料必须进行严格的防腐和干燥处理。为保持木质的本色和增强耐久性,用材在使用前应浸泡在透明的防腐液中7~18天,然后进行烘干或自然干燥,使含水量不大于8%,以确保在长期使用中不产生变形。个别乡村地区由于条件所限,也可采用涂刷桐油的传统方式进行防腐处理,连接与固定木板和木方的金属配件(如螺栓、支架等)应采用不锈钢或镀锌材料制作。

12.2 "轻干预式"乡土材料应用

乡村旅游开发建设材料的使用应以"低碳、环保、价廉、稳定、持久"为原则,就地取材,如砖、陶、瓦、木、石、藤、竹和废弃金属等,从本土材料中选用坚固、耐用和可循环降解的环保材料进行旅游景观建设,不过多干预现有的农业环境本底,减少不可降解材料对农业生态的影响,形成共生、稳定、和谐的农旅景观发展态势。

（1）材料特性分类

中国建筑用材传统是"五材并用，土木并重"。"五材"是一种泛指，如果具体到建造材料，可以分"土、木、砖、瓦、石"；随着材料科学的发展进步，材料种类、特性也发生着变化，传统材料与现代材料的融合可以实现更多建筑景观环境建设效果。特别是工业进步，城市化建设规模扩大，产生许多工业旧料、城市废料等，可从中选择可以再循环利用的材料用于乡村景观，探索一种"经济、环保、低碳、生态"的乡村旅游景观项目建设道路。"轻干预式"乡土材料应用大类可分为常规材料和循环材料。常规材料可分为生土、木材、砖材、石材、金属、玻璃等；循环材料来源可分为乡村废弃材料和城市废旧材料等（见表2-8）。

表2-8 "轻干预式"乡土材料分类及应用策略

材料分类	材料名称	材料特性及发展策略	景观属性
常规材料	生土	生土是从自然界中取出的原状土，是人类最早利用的原始建造材料之一，现代社会只要简单机械加工，无须焙烧便可用于房屋建造、场地营造和景观装饰，传统形式包括夯土、土坯、泥砖等，川渝地区的红土独具特色。为增加生土强度，乡村景观建设中往往需要掺加植物纤维、稻壳灰和石膏等添加物，经过反复揉、压搅拌混合而成的经济实用型建筑景观建设材料	原生、自然
	木材	木材从广义上指一切能够提供木质部成分或植物纤维以供利用的天然植物材质，涵盖木材、竹材、藤材、作物秸秆等。木材是极具可塑性的一种生态型乡土材料，它温润朴实的肌理，有着非常好的可塑性，清新的味道散发着乡村自然风情，但木材质也有易燃易腐的缺点。在乡村景观项目建设时，木材的应用还是较为普遍的，如乡村木栈道、乡村小木屋、休息区、乡村微景观等。木材大类中的竹材也是非常廉价的一种材料，可作为景观点缀装饰，也可作为室外构筑物的主体结构。可为绿植，可为材料，可用其意，也可用其形。以竹植物造主景、点景、框景、移景都能营造出不同意境氛围，增添乡村景观韵味，是东方乡村美学中不可或缺的元素。用藤蔓编织出来的创意景观，可用于乡村休闲农庄、乡村民居装饰、室外创意雕塑等，不管是动物造型，还是抽象造型，用树枝藤蔓都可以很好地实现	自然、柔和、朴素

续表

材料分类	材料名称	材料特性及发展策略	景观属性
常规材料	砖材	砖材是以制砖勃土为原料，进行制备，塑性成型、干燥、焙烧，适合于乡村建筑墙体、地面砌筑、覆盖、敷设、装饰等建筑功能的墙体和地面材料。砖材是一种经过长期检验的、较为可靠的人造景观主要材料，有着坚固、耐用的优点。加上现代工艺技术的提升，生产出保温砖、透水砖等生态砖材，砖材质感、色彩等特性也能更好地体现乡土旅游特色	质朴、厚实
	石材	人类对石材的应用历史悠久，其品质耐久性高，种类繁多，拥有天然的材料色彩与纹理，坚固耐用，但石材的过度开采会破坏当地生态环境。石材分为天然石材与人造石材。天然石材为人类从天然岩体中开采出来的块状荒料，经锯切、凿刻、磨光等加工程序制成块状、条状或板状的材料。人造石材是以不饱和聚酯树脂为黏结剂，配以大理石、方解石、白云石、硅砂、玻璃粉等无机物粉料，以及适量的阻燃剂、颜料等，经配料混合、瓷铸、振动压缩、挤压等方法成型固化制成的一种材料。石材本身带着质朴的气息，其可塑性强，在景观中有较好的协调性，可与多种园林要素搭配，应用广泛。不管是未经过多加工的毛石还是经过雕琢的石头，都可以完美融入乡村，石材朴拙的韵味，非常适合营造乡土气息的地域性景观	坚固、力量、稳重
	金属	金属具有优良的加工性能，材料表面具有金属所特有的色彩，良好的反射能力和不透明性，且具有金属特有的光泽。此外，还具有优良的力学性能，金属材料的强度、熔点、刚度和韧性较高。正是由于金属材料优良的力学性能，才使得其能作为工程结构材料而广泛应用。常见的景观金属材料包括铁、铜、不锈钢、耐候钢板、铝及铝合金等，加工成材类型有铁艺造型、穿孔金属板、金属丝网、凹凸花纹金属板等。另外，在金属表面上进行涂装、电镀、金属氧化着色，可获得各种色彩，也可用于乡村特色建筑结构骨架、艺术雕塑、装饰乡村景观产品等	
	玻璃	玻璃在现代建筑景观中应用广泛，可分为普通玻璃、钢化玻璃、夹层玻璃、半钢化夹层玻璃、钢化夹层玻璃、复层中空玻璃、pvb夹胶玻璃、真空玻璃、彩色玻璃等。玻璃通透的质感，视线不受阻碍。不管是用于乡村建筑还是景观装饰，都能很好地与周边环境融合	通透、现代感、

续表

材料分类	材料名称	材料特性及发展策略	景观属性
循环材料	作物秸秆	作物秸秆材料通常指农业作物如小麦、水稻、玉米、薯类、油菜、棉花、甘蔗和其他作物在收获后的剩余不用部分。传统的处理方式是部分作为动物粗饲料，其余部分就地焚烧还田。而通过部分材料的回收，一部分进行编造艺术加工，通过乡村旅游发展产生一定经济价值，减轻焚烧带来的环境污染；另一部分秸秆可以运用固化成型技术进行加工，用于建造一些旅游景观产品等	低碳、自然
	废旧瓦材	瓦是最能体现中国风的传统建筑材料之一，随着各类新型建筑防雨耐候材料兴起，瓦片渐渐淡出人们的视野，在乡村废弃较多。瓦一般指黏土瓦。以黏土（包括页岩、煤矸石等粉料）为主要原料，经泥料处理、成型、干燥和焙烧而制成，瓦片铺地非常透气，而且排水性好，废旧瓦材排列整齐组合成各式各样的图案，可用于景观道路铺装、民宿装饰、庭院景观装饰等	古朴、传统
	废旧金属	利用废金属、废旧闸门、金属构件、链条、金属零件等进行艺术加工，可制作成景观装饰构件，如各种铁艺造型的景观装饰艺术、动物造型雕塑、金属树屋，也可用于建筑装饰品、游玩的设施和器材等。在国外许多乡村景观项目中，对废金属进行艺术化加工再利用，产生了许多优秀的金属装置造型艺术作品，实现了变废为宝，符合"环保、和谐、低碳、可持续发展"的乡村旅游景观设计理念	质感、创意、艺术

（2）乡土就地取材

乡土材料由于取材于乡村自然环境资源，具有天然的生态属性，而且在使用多年废弃老化后，不需要花费过多成本进行人工处理废料，一般能够自然降解，材料能够回归于大自然。以乡土材料作为乡村旅游发展的建设材料，其优点是在乡村易取材、选材范围较广、取材经济低廉、环境适应性强、施工技术难度低、无毒无害、易分解、可全循环或者部分材料循环利用等。一方面，在乡村旅游景观项目建设过程中以乡土材料作为主要的营建材料，可以有效提高乡土材料资源利用率，降低对乡土自然环境的干预，降低施工现场废弃物、污染物的产生与排放；另一方面，乡土材料就地取材、就地建造的运用方式，也是乡村环境传统营造的方式,可以节省材料的运输成本和损耗,是乡村旅游发展低碳经济的有效途径。

(3)多样材料组合

现代建筑景观建设材料自身的性能好,能够使得居住环境舒适。例如,坚固耐久、隔热防潮等,而传统乡土材料具有经济、生态等特点,更容易体现乡村特色。乡村旅游景观的开发,需要现代材料与传统乡土材料相结合,并对常规材料进行创新使用,提高改善其生态性能。现代的观念和技术进入乡村旅游开发,传统材料需要向现代有机环保材料的转变,进行多材料的组合。首先,乡村建筑景观一方面就地取材,充分利用本土化的材料,另一方面又要各种现代材料,增加乡村自然朴实之感和现代材料带来的旅游"质感"。其次,传统材料是经过时间检验的"智慧材料",不论以何种形式存在,都能在现代旅游建筑景观的建设发展中体现,如传统茅草屋遇到金属构架、玻璃窗台,组成了深受游客喜爱的现代旅游民宿。多样材料组合的新型方式因其造价低廉、施工迅速、坚固耐用、艺术特征明显等因素,将会推动乡村旅游建设的发展。

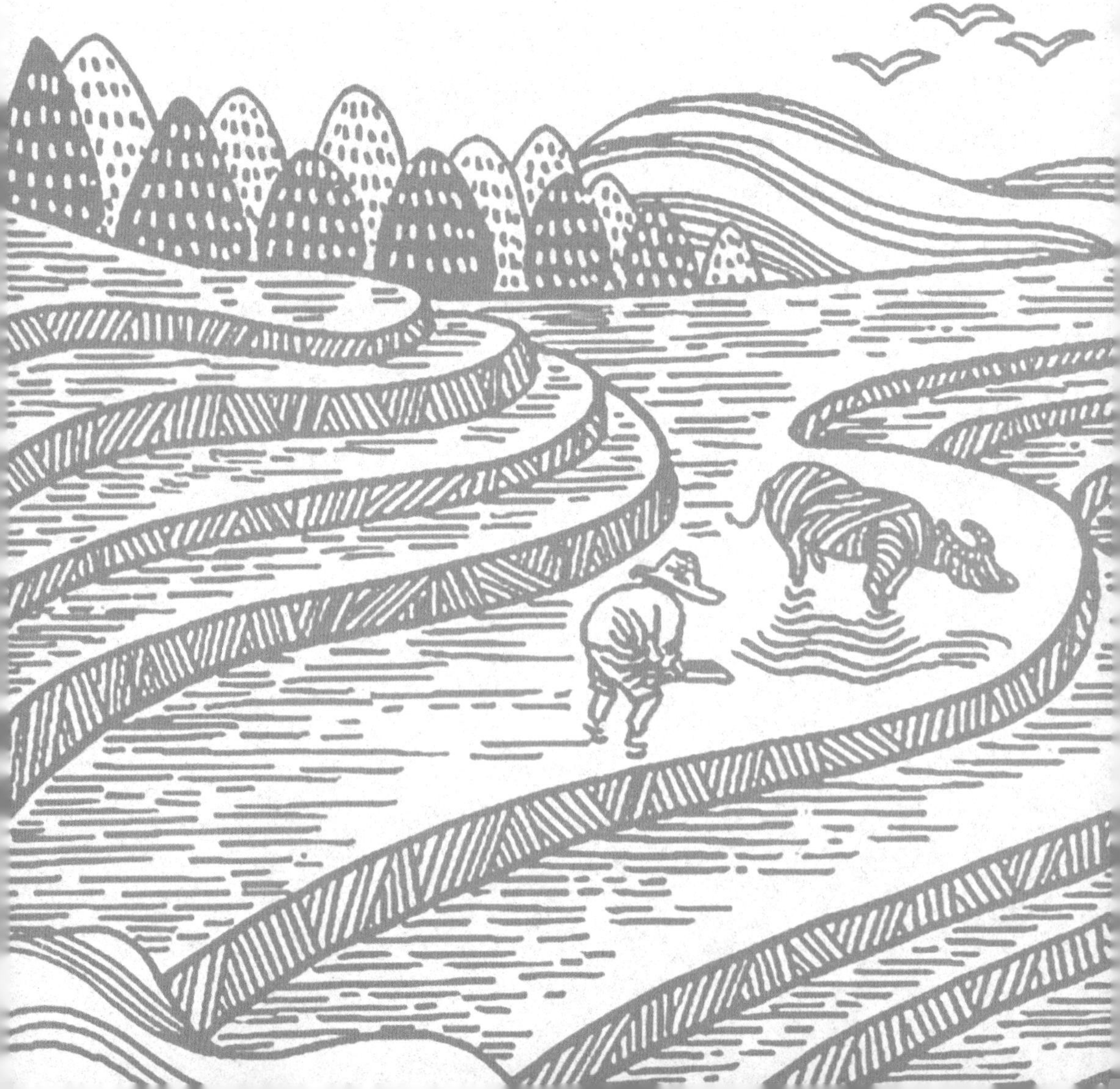

第三篇
乡村旅游景观规划设计实践研究
——以重庆地区为例

13 乡村旅游小镇类——重庆涪陵区蔺市旅游小镇景观规划设计研究

13.1 项目规划背景

项目所在地蔺市镇，濒临长江南岸，位于涪陵城西郊，东距涪陵20千米，西至重庆62千米，距离重庆主城大约40分钟的车程，辖区面积163平方千米。蔺市濒临长江，自古是长江黄金水道、重要水码头。渝怀铁路、茶涪路、沿江高速横贯镇区，水陆交通极为便利。

项目场地优势在于蔺市镇地处长江经济带区域，客源市场覆盖广，距重庆市区距离近，水陆交通极为便利，形成了良好的旅游网络。蔺市镇四面环山三面绕水，风光秀丽。历史文化遗产名胜古迹众多，镇内有文庙、王爷庙及南华宫、万寿宫、禹王宫等宗教场所，另有鲁班堂、太平池、龙门桥、碉楼等历史遗迹十余处，旅游开发受到地方政府高度重视和扶持。项目场地总占地面积约70公顷，东西长约1825米，南北约600米；滨江最低水位线145米，最高水位线175米；防洪堤岸182米。项目所在地占用上位规划总面积约59.2公顷，分级保护区面积为：古镇核心保护区约9.8公顷；美心观光区约8.3公顷；中心公园区约4.7公顷；风貌协调区约13.4公顷；建设控制区约31.3公顷。

项目场地机遇在于国家政府对旅游产业的重视和扶持，旅游业成为国民经济新的经济增长点，假日旅游蓬勃兴起，旅游持续升温，从而为旅游业快速发展提供了广阔的空间，重庆市高度重视长江文化的开发利用，大力发展长江文化旅游，更为蔺市镇旅游带来重大的发展机遇，有条件创造一个独特，著名的蔺市古镇景区。

项目场地的劣势在于现状硬质堤岸不利于景观的打造，基础设施较差。蔺市镇环境现状较为杂乱，建筑布局乱，景观单一，缺乏有效的开发利用。此外，蔺市古镇的宣传力度不够，游客有限。

项目场地挑战在于区域旅游空间内的同质和类似项目开发的竞争威胁,如丰盛古镇、偏岩古镇、松溉古镇、走马古镇等,对蔺市古镇形成了竞争威胁,城市和旅游景区开发需要提倡重视生态环境保护,从而减少对脆弱的生态环境的潜在威胁。

13.2 相关案例研究

从国内相似类型项目开发的案例中选取有代表性的成功案例进行研究,如上海朱家角古镇与水都南岸,浙江良渚文化村,深圳欢乐海岸和福建厦门曾厝垵等,研究其创意开发模式,分析可借鉴之处,为蔺市创意小镇开发提供案例参考。

13.2.1 案例一:上海朱家角古镇与水都南岸

案例概述:

上海朱家角古镇和水都南岸是沪上古镇+创意型小镇开发的典型。朱家角古镇地处江、浙、沪交界处,古镇历史悠久,早在1700多年前的三国时期已形成村落,宋、元时形成集市,名朱家村。明万历年间正式建镇,名珠街阁,又称珠溪。曾以布业著称江南,号称"衣被天下",成为江南巨镇,是上海四大名镇之一,现为国家AAAA级风景名胜区。

水都南岸位于上海朱家角朱枫公路与A9高速公路的交界处,离市中心40分钟的车程。是青浦区政府重点规划的一个集旅游、休闲、娱乐、商务为一体的综合型新型市镇,面积达9平方千米。项目产品定位"SOHO坊",以垂直一体化创意空间、灵动空间格局,满足生活、工作、休闲、娱乐多功能需求。对于一个"新市镇"来说,这样的距离是非常舒服的,既不完全与城市割裂,也能安静自由地享受彻底属于自己的时间。水都南岸定位于升级版的"田子坊",融合了新城市主义与田园主义的理念,在生态优良、文化浓郁的朱家角水乡,按照现代都市人的生活方式量身定做的时尚创意社区,集聚创意工作室、教育培训中心、国际画廊、时装店、主题餐馆、咖啡酒吧、创意集市等工作、消费、生活为一体的国际创意社区。

案例分析：

（1）传统江南水乡的河街基本模式有五种，朱家角古镇河街模式分析如图 3-1。

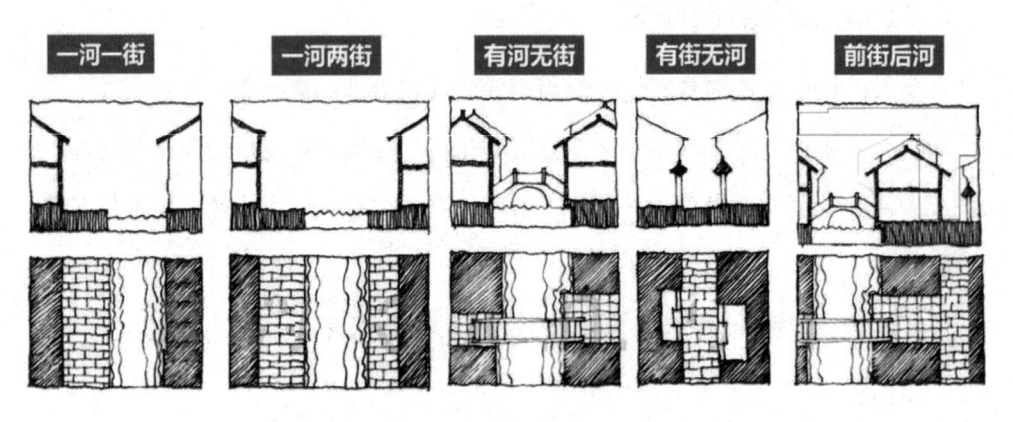

图 3-1 朱家角古镇河街模式分析

（2）对古镇建筑、河道空间以及巷道格局按照"修旧如古"的原则进行了恢复性修建，原来部分古建筑转变为商业服务、旅游服务等功能，商业行为与江南特色和古镇风韵进行结合。"长街三里，店铺千家"，现在，古镇仍保留了许多老式建筑景观及功能业态。

（3）朱家角古镇定位是具有新江南水乡特色的旅游地，将传统文化与现代文化相结合的旅游观光地。

（4）朱家角古镇与水都南岸（新型创业古镇）虽然开发模式不同，前者为在传统基础上的重新打造，后者则是按照现代都市人的生活方式量身定做，集创意工作室、教育培训、国际画廊、时装店、主题餐馆、咖啡酒吧、创意集市等国际时尚创意社区。

（5）游客来源：本地游客占约 80%，外省游客占约 16%，入境游客占约 3%。

借鉴之处：

（1）借鉴朱家角古镇的发展模式，在蔺市古镇原有的传统古镇建筑空间构成方式基础上，利用河道与古镇的空间形态进行恢复性修建，并将新型创意商业空间引入古镇格局。

（2）借鉴朱家角古镇为传统单一业态注入新的时尚活力，考虑传统古镇与现代商业、旅游的结合关系。

（3）借鉴水都南岸的创意新镇的发展模式，以及商业功能的分布。在设计上，注重滨水建筑与河道的关系处理。

13.2.2 案例二：浙江良渚文化村

案例概述：

打造集文化、旅游、创业一体化小镇的成功案例为浙江良渚文化村。"良渚文化村"位于杭州市西北部良渚组团核心区，距离杭州市中心16千米，距离良渚遗址保护区2千米。既紧靠著名的文化遗址，又有距杭州市区中心最近的丘陵绿地和水网平原相结合的生态环境。良渚文化村由南都房产度假巨额投资，打造成一个国际性多元化休闲文化旅游城镇。良渚文化村占地12000亩。其中，有良渚遗址、良渚文化博物馆、"良渚圣地"公园、良渚五星级度假村、"良渚不夜城"、"良渚风情街"、良渚生态森林公园、乡村高尔夫俱乐部、水上乐园等建筑群和景点。

案例分析：

（1）良渚文化村住宅、公建、旅游用地的精细划分和混合利用实现了"小同质、大混合"的居住模式，其派生的丰富的公共空间是社区人群交往交流的空间载体，也是实现万科倡导的"小规模、大社区、新市镇"格局的基本前提。小镇中心是小镇独特标志之一，以步行街区而非底商的形式，增加了人们更多的体验空间和人与人交流的机会。

（2）以多个休闲运动公园以及广场步道、绿色走廊整合良渚文化博物院、矿坑遗址、大雄寺、"美丽洲堂"（基督教堂）等历史与当代文化片段形成连续的网络状休闲文化空间。

借鉴之处：

（1）借鉴其抓住良渚文化主脉贯穿整个项目，建筑的空间布局不再拘泥于中国传统村落式模式，而是在保持小镇街区特质的基础上，以不超过三层的建筑小尺度的广场，亲切宜人的道路及建筑细部的精致处理，展示了建筑师对传统小镇空间与场所的独特理解。

（2）在开发模式上，良渚文化村前期以文化度假旅游为开端，依托文化和生态环境，发展文化创意产业和相关商业，提升区域价值，后期增加居住，补充城市型商业零售、休闲娱乐等配套。

（3）借鉴其以"美丽洲堂"作为良渚文化村的标志性建筑，构成精神内核。蔺市镇规划区域内考虑是否增加地标性建筑/构筑物，以打造其专属名片。

13.2.3 案例三：深圳欢乐海岸

案例概述：

集时尚、娱乐、休闲于一体的综合性开发案例——深圳欢乐海岸，地处深圳湾商圈核心位置，位于深圳华侨城主题公园群与滨海大道之间，是深圳市"塘郎山—华侨城—深圳湾"城市功能轴的起点，是深圳市致力打造的高品质人文旅游、国际创意生活空间的中心。规划全景欢乐海岸汇聚全球大师智慧，以海洋文化为主题，以生态环保为理念，以创新型商业为主体，以创造都市滨海健康生活为梦想，开创性地将主题商业与滨海旅游、休闲娱乐和文化创意融为一体，整合零售、餐饮、娱乐、办公、公寓、酒店、湿地公园等多元业态，形成独一无二的"商业+娱乐+文化+旅游+生态"的全新商业模式，真正实现集主题商业、时尚娱乐、健康生活三位一体的价值组合。

案例分析：

（1）欢乐海岸的开发理念是海洋文化，生态环保，创新商业，在业态组合上强调主题商业、滨海旅游、休闲娱乐、文化创意融为一体，吸引潮流达人、时尚白领、中高收入家庭、旅游及创意文化人群，形成深圳西海岸中心，引领休闲健康的都市滨海新生活方式。

（2）曲水湾位于项目东区，建筑面积约6.5万平方米。以"找回深圳消失的渔村"为故事主线，采用独栋环水街区式布局及"现代都市商业+历史文化渔村"交融组合概念，用近1000米蜿蜒水系和七座景观桥串联起区域内的特色建筑群落，形成小桥流水、庭院步道、绿树簇拥、碧水环抱的现代岭南文化渔村建筑风格，集中展现深圳创新城市建筑艺术。屋顶花园，但是退台处于关闭状态。

（3）在入口处理方式上注重与水岸的关系，形成多入口，多首层，退台设计；另外，在项目东侧还有退台式设计，可直达麦鲁小镇。

借鉴之处：

（1）借鉴其将城市娱乐与海洋文化相结合，重点设计场所与水的结合关系，突出生态环保，符合当代城市发展的新理念。

（2）借鉴欢乐海岸购物中心的创意空间，整体造型流线动感，与临水建筑环境呼应融合。九大阳光中庭贯穿整体，实现自然采光照明，创造出优质的购物空间。

13.2.4 案例四：福建厦门曾厝垵

案例概述：

高人气低成本的全民创业小镇福建厦门曾厝垵位于厦门岛东南部，三面环山，一面临海，面积约为6.5平方千米，风景秀丽。曾厝垵社区原本是个临海的村庄，村民收入多以农业为主。2000年左右，这里的客栈开始发展，但当地人的经营思路不开阔，也得不到许可证，因此所有的客栈都是以家庭旅馆的性质经营。直到近几年，新的家庭旅馆不断出现，形成了各有特色的特色小店，咖啡、屋酒吧等。根据厦门市的总体规划，曾厝垵社区定位为文教旅游区，规划建设成为厦门东南海滨的文教、疗养、旅游、居住区，建设安置房、片区市政道路、公建配套、集中绿化景观等。

案例分析：

（1）曾厝垵中随处可见当年华侨遗留下来的痕迹。建筑是最直观的展示，当年华侨建造了大量红砖古厝和南洋风格的"番仔楼"，至今仍有所保留。

（2）除了建筑外，路旁散落的建筑构件都在提醒着你，华侨经济曾经对这个自然村产生的影响，断残的龙柱、来自吕宋的铁花等。

（3）小渔村在环岛路边上，这里可以看日出，呼吸新鲜空气。客栈中，各式的家庭旅馆在曾厝垵这个厦门现存唯一的原生态渔村中绽放光彩。

借鉴之处：

（1）借鉴其对历史古迹的传承与保护，将华侨遗留下来的古迹与现代文化相结合，创造新的文化创意小镇。

（2）借鉴曾厝垵将家庭旅馆与城市生活相结合，热情好客的当地人将客栈的多样化形式演绎到了极致。

13.3 总体规划布局

项目所在范围占用上位规划总面积约59.2公顷，分级保护区面积为：古镇核心保护区（约9.8公顷），美心观光区（约8.3公顷），中心公园区（约4.7公顷），风貌协调区（约13.4公顷），建设控制区（约31.3公顷），总体根据上位规划科学合理布局。

总图平面布局分为12个重点区域，分别为渔人码头、洋货街、红酒小镇、水街、君子古街、君子湖、工艺品基地、创客酒店、梨香溪生态艺术公园、龙门桥、道隆文化展览馆、入口服务区（如图3-2）。

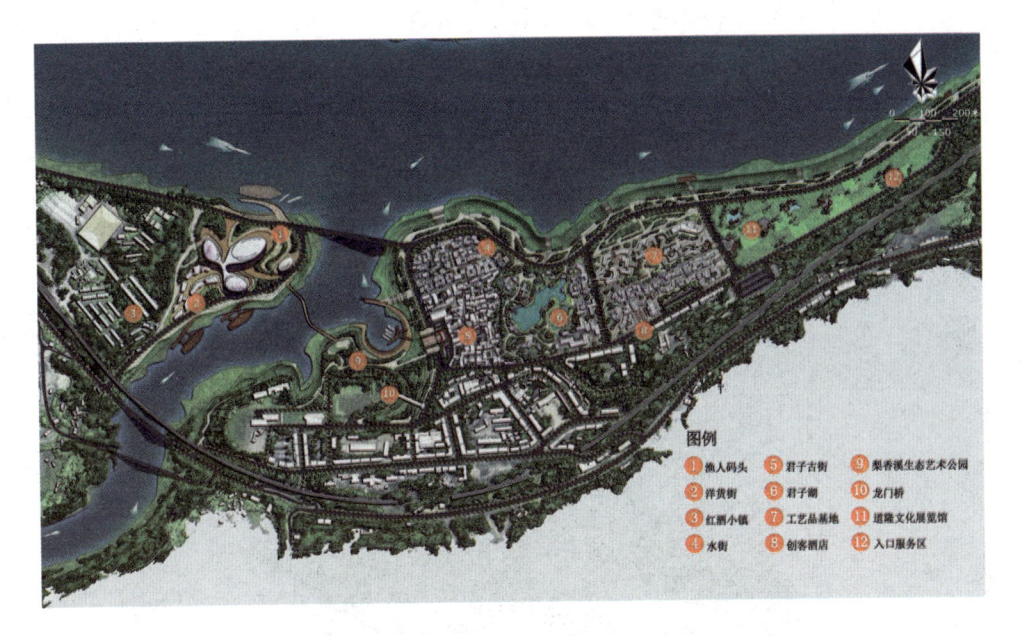

▶ 第三篇 乡村旅游景观规划设计实践研究——以重庆地区为例

图 3-2 总体规划布局平面设计图

13.3.1 规划定位

总体构思为打造蔺市新乡村旅游地标节点，以城郊乡村娱乐基地、创意研发产业园区、文博活态体验基地和生态休闲度假中心为四大功能定位，打造千年君子之乡，长江旅游驿站形象。联动长江旅游目的地，补充旅游新型业态，为古镇注入新鲜活力，配合红酒小镇，强调产业互补，驱动旅游经济多元发展。

从旅游市场方向定位四大重点功能客群，即古镇观光客、长江游船客、文化体验客和旅游创业客。定位四大游客市场，即基础市场（重庆主城区、涪陵及周边县区游客）、拓展市场（三峡游客、川渝黔周边游客）、机会市场（国内其他地区游客）、国际市场（以日韩为代表的东亚游客、以美国为代表的北美游客和欧洲、东南亚各国游客等）。

13.3.2 规划策略

（1）环境生态策略

自然资源为原始的吸引点，充分利用独一无二的山水格局，创造山、江、湖、城有机融合的城镇格局。强化自然生态格局，依托自然的山体和梨香溪水域，将绿色开放空间由山体引入城市再汇聚到长江，形成完整的绿色通廊，保持了原汁原味的自然山水格局，为生态的恢复和发展提供更多的空间（如图3-3）。巧妙融合自然环境与人为建设，结合山体，采取组团式的开发模式，对建筑高度、体量和屋顶形式进行严格的控制，对园林景观特色要素进行挖掘，同时采用本地建材、色彩和材质，并采用原生树种，确保自然和谐的开发效果（如图3-4）。

图3-3 强化自然格局环境生态策略

图3-4 融合自然环境与人为建设环境生态策略

（2）空间营造策略

生活方式的陶染，旅游方式的改变促进客群驻留并形成独特的小镇氛围，提供面向不同客群的多样化功能需求，建立独具特色的小镇风貌和场镇配套，创造新生活方式的导向，附加土地价值的提升。创造印象深刻的到达体验，利用独特的地形、场地特征及活动内容塑造特色的景观点，视觉焦点，安排主要到达的线路，综合打造印象深刻的到达体验（如图3-5）。提供多样化的场镇布局空间，根据原有场镇的风貌及基础格局，创造统一而又变化的新格局，满足多样化的活动功能需求，连续的场镇空间得以融通，活动在所安排的场所中得以展开（如图3-6）。

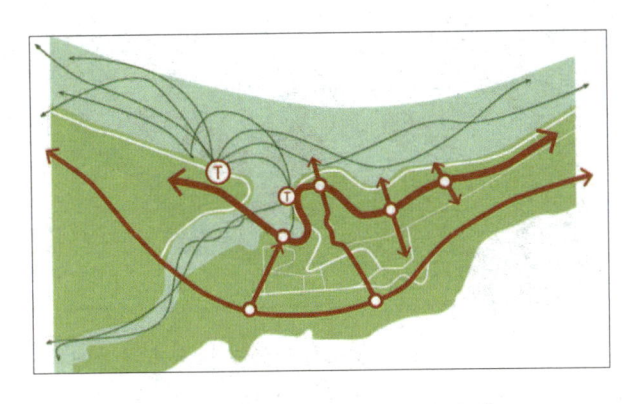

图3-5 创造到达体验空间营造策略

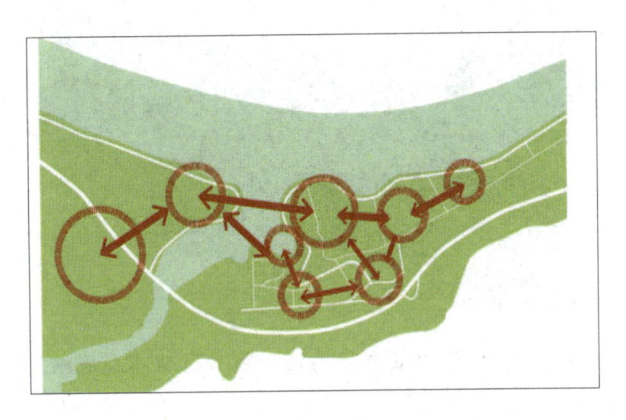

图3-6 提供多样化场镇布局空间营造策略

（3）活动布局策略

充分发掘艺术元素和人文韵味。融入休闲度假的消费行为，打造独特的旅游产品，创造一个蔺市文化名片和旅游目的地。建立商业建筑群落间的趣味联系，活动沿着堤岸和古镇商业空间形态及梨香溪生态水系绿色廊道展开。根据开发时序体现着城市的生长性，同时为旅游创业等蔺市综合经济服务（如图3-7）。创造多个公共活动核心区域，在各分区重要空间节点处，建立公共活动的核心区域，确保游客在步行可达的范围之内，享有便利的服务设施和聚集的场所（如图3-8）。

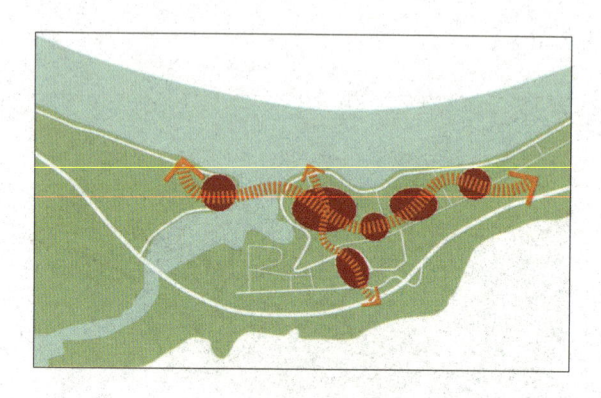

图 3-7 建立商业建筑群落活动联系布局策略

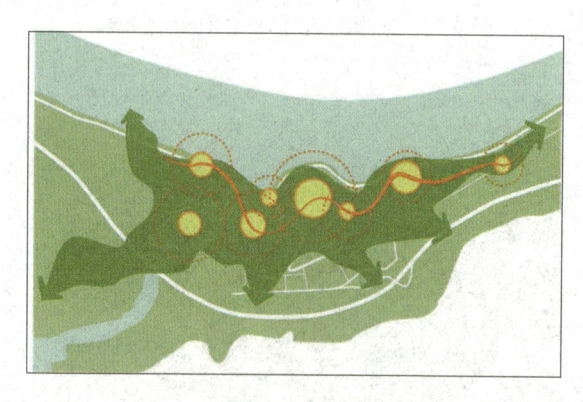

图 3-8 创造多个公共活动核心区域布局策略

13.3.3 总体规划布局

总体规划功能为一心、两镇和三园（如图3-9）。一心（蔺市文化中心），两镇（蔺市古镇与红酒小镇），三园（文化旅游创业园、道隆禅学园和梨香溪生态艺术公园），包含了22个核心项目（见表3-1）。

图 3-9 总体功能分区设计图

表 3-1 分区板块与核心项目

功能分区	六大重点分区	二十二大核心项目	附属配套项目
一心	蔺市文化中心	游客服务中心	
		君子文化园	
		渔人码头	
两镇	蔺市古镇	君子古街	君子广场、街巷
		蔺市文创街	君子湖、君子湖文化休闲街
		三个作坊	手工坊、文创坊、演艺坊
		六处堂院	雷家院子、孟家院子、冉家院子、蔺家院子、鲁班堂、善堂
		九座宫庙	川主庙、张爷庙、王爷庙、文庙、火神庙、山王庙、南华宫、万寿宫、禹王宫
	红酒小镇	洋人街	
		拉菲城堡	
		波尔多葡萄庄园	
		太阳城	

续表

功能分区	六大重点分区	二十二大核心项目	附属配套项目
三园	文化旅游创业园	旅游工艺品基地	
		旅游土特产基地	
		蔺市创业智库	
		创客酒店	
	道隆禅学园	禅风园林	
		道隆文化展览馆	圣人童年、禅宗学徒、一代宗师
		道隆故居	
	梨香溪乡野艺术公园	梨香水苑	乡村星空电影院、星空酒店
		梨香农苑	
		梨香艺苑	

总体规划结构由南北向文化体验轴线和东西向商业活力轴线组成，依次连接红酒小镇核心区、君子文化核心体验区、古镇旅游核心区、体验娱乐核心区、文化创业核心区和禅学体验核心区。

规划区总用地面积为70公顷，建设用地面积为28.6公顷（原有建设用地面积4.3公顷，新增建设用地面积24.3公顷），非建设用地面积为41.4公顷（水体用地面积为3.1公顷，其中景观水景用地面积1.5公顷，梨香溪水体面积为1.6公顷，绿地用地面积38.3公顷），新镇建筑面积约16.3公顷。停车位按照小城市商业建筑停车位配建标准（0.6辆/100平方米），总共需要停车场约3公顷（30平方米/辆），其中地上停车0.9公顷，地下停车2.1公顷。规划场地共有乡村体验式作坊、景区化工厂、特色乡村民宿客栈、乡村文创基地、空中商铺和传统创业空间六大功能区划。规划有渔人码头、洋货街、红酒小镇、水街、君子古街、君子湖、旅游工艺品基地、创客酒店、梨香溪生态艺术公园、龙门桥、道隆文化展览馆和游客中心服务区等12处主要景观区。

（1）六大功能区划

乡村体验式作坊：

其创业空间主要分布在君子古街区域，通过对蔺市乡村非物质文化技艺（编织、酿酒、酿醋、造纸等）进行活态展现，以"前店后坊"的形式，将手工产品的研发、制作、生产进行集中展现。消费者既可以参观，也可以亲自动手制作。主要包括君子酒坊、君子醋坊、君子编织坊等特色手工作坊。

景区化工厂：

其创业空间主要分布在美心工厂和项目地的旅游文化创业园区域，主要以产品的加工为主。通过构建乡村旅游工艺品和乡村土特产品的加工生产基地，打造环境优美、造型独特的工厂建筑风格，游客可以自行参观，并设有专门的体验区域进行体验感受。

特色乡村民宿客栈：

其创业空间主要分布在君子古街和君子湖文创街区域，依托蔺市乡村老宅进行改造，打造外表朴拙，内里舒适的居住设施。在功能上，除了居住功能外，还可以根据不同客栈的主题进行体验，如鲁班堂的木作主题、大夫第的清代主题等。

乡村文创基地：

其创业空间主要分布在旅游文化创业园区域，是蔺市旅游和创业体系的智慧中心、点子中心和新理念中心，通过与川美、长江师范学院艺术系等进行合作，建设文创空间，进行蔺市乡村文化的创新研究和新型旅游产品的研发。此外，还可以打造乡村休闲空间，包含乡村书吧、乡村咖啡吧等项目。

空中商铺：

其创业空间主要分布在旅游文化创业园区域，是该园区手工艺品和土特产品生产研发的电商批发载体，通过"O2O"的形式打造重庆乡村旅游土特产品的线上交易平台，集合淘宝店、微店等众多线上交易公司的"互联网＋"soho的创业行为。

传统创业空间：

其创业空间主要包括项目地餐饮、休闲、娱乐、酒店、农业等乡村旅游项目以及传统地域服务型项目，包含乡村酒吧街、乡村美食街、乡村农业园、乡村游乐园、乡村酒店、乡村客栈民宿等项目。

（2）交通线路规划

对项目场地的开放系统作了重新梳理规划，梳理了绿色通道、防护绿地、公园绿地、农田和水体的层次关系（如图3-10），为道路系统的进一步规划奠定了基础。

图3-10 开放空间系统设计图

道路景观设计应从美学观点出发，充分考虑路域景观与自然环境的协调，让游客感觉到安全、舒适、和谐。道路景观设计以绿化为主要措施美化环境，修复道路对自然环境的破坏，并通过沿线风土人情的流传、人文景观的点缀，增加路域环境的文化内涵，做到外观形象美、环保功能强、文化氛围浓的开放系统设计目标（如图3-11，图3-12）。

图3-11 交通系统（总体道路系统）平面设计图

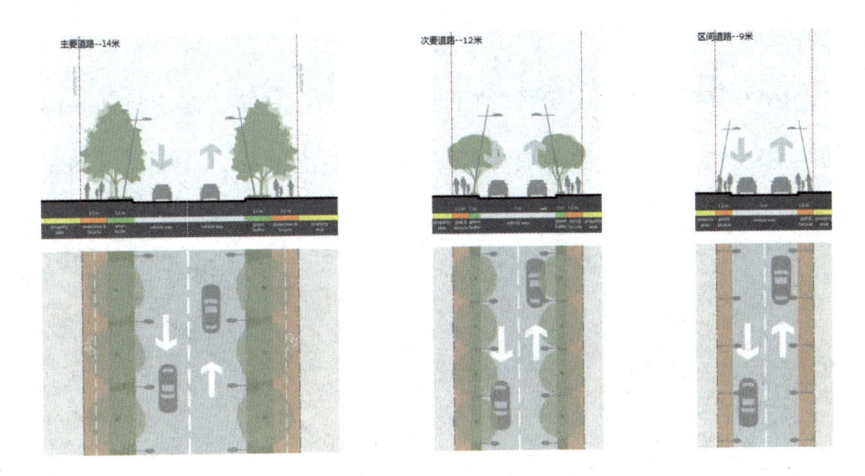

图 3-12 道路系统剖面

电瓶车线路：

景区电瓶车优点有很多，除了美观，给景区增添风采外，还节约了劳动成本、提高了观光效率，另外，也体现了社会倡导的低碳环保理念。在设计中，通过规划园区特色观光途径，形成两大观光环线。环线一约 3500 米，按普通电瓶车计算约需 15 分钟；环线二约 2000 米，按普通电瓶车计算约需 8 分钟。对于电动汽车的设计形态可依照景区的布局保持格调一致，使游客在旅游观光的同时能融入整个浏览环境氛围中去，确保电动汽车的有效运行，设立电瓶车环道和电能储备充电站进行一站式更换便利站（如图 3-13）。

图 3-13 交通系统（电瓶车线路）平面设计图

步行线路：

滨江游步道约2300米，游览时间约45分钟；古镇游步道约4600米，游览时间约90分钟；道隆园游步道约1000米，游览时间约20分钟（如图3-14）。

图 3-14 交通系统（步行线路）平面设计图

自行车线路：

规划园区自行车道总长为7200米，按普通自行车10千米/小时的速度，需要40分钟左右，定期可以举行乡村自行车比赛（如图3-15）。

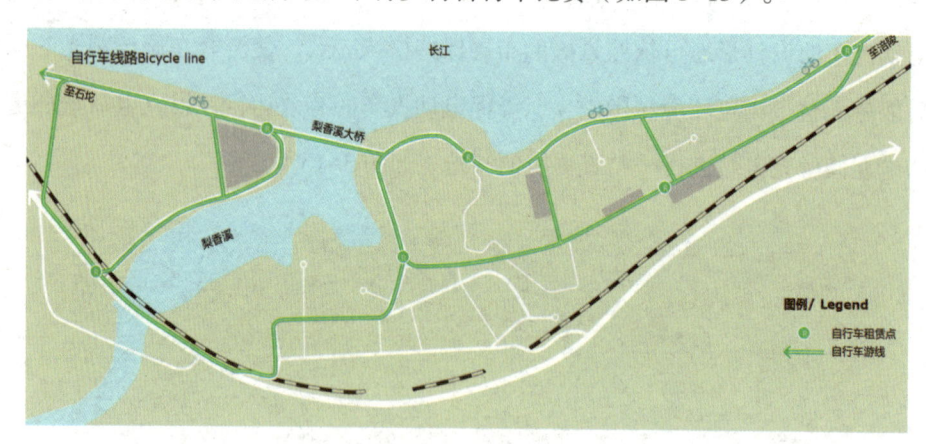

图 3-15 交通系统（自行车线路）

水上线路：

项目有着得天独厚的水资源和水景观，外有长江，内有溪流景观，得益于项目的有利位置，项目内的水平面非常稳定，这给水上交通提供了极大的便利。水上的土让游客有独特的机会从水路上体验本项目和长江及梨香溪两岸的秀丽，水上的土很好地联结了项目内的高端酒店区和半岛内的古镇旅游和创业商贸区域及到达游船码头（如图3-16）。

图 3-16 交通系统（水上线路系统）

13.3.4 游览线路与活动组织

蔺市镇不断探索观光农业和乡村旅游统筹发展道路，逐步形成了"以农为本，以节为媒，旅游搭台，文化唱戏"的乡村旅游线路发展模式。

每年的农历二月初二，蔺市镇连二村老百姓都会如期举行"庆龙节"活动。活动当日，游客从蔺市镇出发，沿着"冰雪盟心古道"步行登上蔺市坪上，不但可以健身，而且可以登高远眺，感受"苍苍南北望，山河两无边"，青山秀美，江水壮阔，一览楼、房、亭、台，层峦交映，错落有致；登上山后，可以看到"冰雪盟心"百步梯石刻、夏氏牌坊等古迹；之后还可以参加"庆龙节"活动，参与"犁田比赛""采蘑菇比赛""捉鸭子比赛"等各种农家比赛活动。

作为新崛起的梨花源，蔺市镇梨树种植面积达2000余亩，面积大，品种多，每年举办梨花节，并邀请市民到蔺市踏春赏花。

位于蔺市镇铜鼓村的芝南茶厂，白茶种植面积300亩，其茶叶通过了国家无公害农产品认证、国家有机农产品认证，"涪陵白茶"成功注册为国家地理标志证明商标。每年三月伊始，这里便举行白茶节，邀请市民前往采茶、品茶。

蔺市镇不仅利用环境优美的自然生态做文章，而且大力发展特色农产品，创建各具风味特色的农家乐：近期将规划好以连二村为中心的"中国农业主题公园"，以长冲为核心的"重庆高山生态垂钓主题园"，以新桥、清水塘为主的"果蔬观光采摘园"，并架起万松村海怡天农庄、怡翔会馆、雨晴山庄，飞水村香语湖生态农庄，铜鼓村张家桥山庄等。"吃、住、游、购、乐"一应俱全，吸引广大市民到这里放松心情，亲近自然，乐享田园之美。

在乡村旅游基础上，特色小镇还建设开发出新的旅游线路，从文化、景观、消费和体验等方面满足游客的游览需求。

（1）游览线路

1日游简要线路：游客服务中心—君子文化园—君子古街—文化旅游创业园—道隆纪念园—禅风园。

2日周末游简要线路：游客服务中心—君子文化园—君子古街—道隆纪念园—渔人码头—红酒小镇—文化旅游创业园。

2.5日游简要线路：游客服务中心—渔人码头—红酒小镇—梨香溪乡野艺术公园—蔺市古镇—蔺市文化中心—道隆纪念园—文化旅游创业园（如图3-17）。

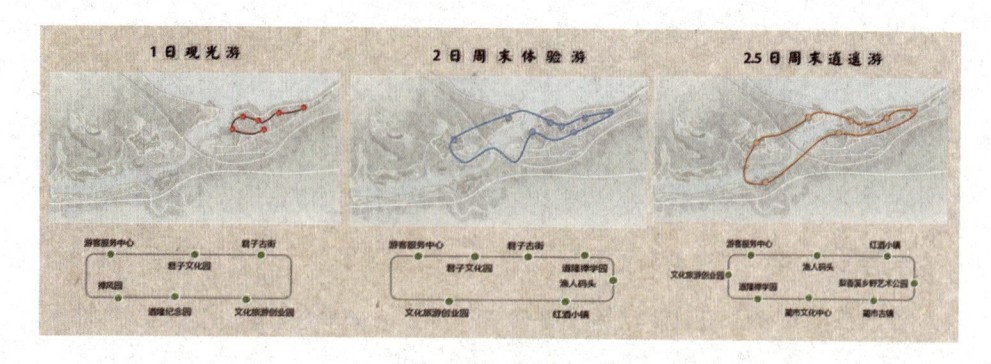

图3-17 游览线路安排图

从游客角度出发，时间安排如下：

7:00~9:00，起床后站在君子湖边，到美食街早餐店吃一顿正宗的涪陵早点，蔺市古镇文化生活从舌尖开始。

9:00~10:00，行走在君子古街，沿着老街古巷，细细探寻蔺市的魅力，感受江与城之间的包容。

10:00~12:00，在蔺市古镇六堂九庙，泡一壶茶过过慢生活，晒晒太阳，发发呆，品品精致美食。在古风院落中，在现代与古代中"穿越"。在三处作坊中，观看手工技艺展示，了解非物质文化遗产，享受艺术生活。在道隆禅学园，了解道隆历史。

12:00~13:00，在文化旅游创业园，为家人购买特色创意伴手礼。在美食街品一顿舌尖的盛宴。

13:00~18:00，在红酒小镇，忘情于异国风情的小镇中，品红酒、摘葡萄、坐过山车，聆听自己的心跳。

18:00~20:00，在演艺坊里，与朋友吃茶看戏，聆听千年蔺市的故事。

20:00~22:00，与朋友在渔人码头看夜景，唱唱歌，打打牌，赏赏夜景，休闲度过晚上的时间。

22:00~次日7:00，下榻独具特色的主题客栈，远离喧嚣，一夜好梦。

（2）乡村时令活动

根据四季变化，规划相对应的乡村时令特色活动（见表3-2）。

表3-2 乡村时令特色活动

季节	节气	活动
春季	立春	正月文化庙会、烟花大会、祭祀
	谷雨	春耕体验节、清明
夏季	芒种	端午节、龙舟节、乡村美食节、泥巴大战
	夏至	文庙参拜、求学、荷花节
秋季	立秋	草龙舞、秋灶丰收节、摘果节、乡村七夕节
	秋分	重阳登高、桂花节、赏菊食蟹、采藕大赛
冬季	立冬	乡村祭祀、饺子宴、补冬节、大渔节
	大寒	蜡梅节、腊八粥、尾牙祭、杀年猪、团年节、迎年灯会

13.4 分区设计

在总体功能区划下，对整个项目进行主题分区，共分为蔺市文化中心、蔺市洋街、蔺市古镇、文化旅游创意园、道隆禅学园和梨香溪区域。对其中蔺市乡村旅游文化中心（渔人码头、君子文化园）、蔺市古镇游览区（两条街巷、三个坊间、六处堂院、九座宫庙）、文化旅游创业园和道隆禅学园四个重点区域进行详细规划（见表3-3）。

表3-3 主题分区与项目活动

主题	序号	产品	规划项目及活动
蔺市文化中心	1	游客服务中心	完善配套设施，为游客提供便利
	2	君子文化长廊	以雕刻、画卷、文字、诗歌和音乐等艺术表现形式进行全方位的展现
	3	蔺市文庙	建设君子殿，展现蔺市历代名人
	4	龙门桥	区域景观提升
	5	道隆雕塑	标志性雕塑形象
	6	渔人广场	标志性建筑景观广场展示区
	7	洋货街	免税购物一条街
	8	万国美食城	世界美食体验
	9	洋货街	免税购物一条街
蔺市洋镇	10	红酒小镇	游乐、消费、体验、交流
蔺市古镇	11	两条街巷	君子古街、蔺市文创街道
	12	手工坊、文创坊、演艺坊	通过服装、旅游小商品、食品、休闲会所等多种形态体现
	13	区域客栈群落	对大户院子的还原和重建，打造区域特色住宿项目
	14	宫庙	川主庙（求平安）、张爷庙（习武）、王爷庙（赏戏）、文庙（求学）、火神庙（看烟花）、山王庙（断案）、南华宫（探秘）、万寿宫（寻药）、禹王宫（品茶）
文化旅游创业园	15	旅游工艺品基地	景区化工坊（编织、造纸、扎龙）
	16	旅游土特产基地	空中商铺
	17	蔺市创业智库	乡村旅游产品研发基地
	18	创客酒店	商务会议、酒店住宿、论坛活动

续表

主题	序号	产品	规划项目及活动
道隆禅学园	19	禅风园	枯山水景观
	20	道隆文化展览馆	展示禅文化
	21	道隆故居	道隆成长历史展示
梨香溪区域	22	梨香溪区域生态艺术公园	游船、画舫、星空电影院、星空酒店、艺术生态度假、乡村植物景观

13.4.1 蔺市乡村旅游文化中心（渔人码头、君子文化园）

初步选址位于文庙、龙门桥、旅游码头区域。主题功能为综合服务＋文化体验＋娱乐消费，形象定位为蔺市文化大集结，策划思路为打造区域内文化集中展示、旅游综合服务和娱乐消费中心（如图3-18）。在文化展示层面：对接君子之乡的百年沉淀、高僧道隆的弘法事迹，将蔺市镇最核心、最具号召力的文化内涵进行展现，吸引游客，增强项目地的整体文化气质在旅游服务层面：该区域是项目地的空间中心，将其打造成为游客到达的第一站，构建蔺市旅游创业小镇综合服务体系，满足集散、换乘、服务、休憩等多重旅游功能。在娱乐消费层面：融入邮轮码头区域，打造区域内集游乐体验、餐饮购物、酒吧休闲于一体的特色旅游综合体，拉动消费，拓展夜晚经济。

图3-18 蔺市乡村旅游文化中心平面设计图

(1)蔺市乡村旅游文化中心——渔人码头

托旅游码头的建设，打造以水码头文化为载体的集旅游购物、特色餐饮、酒吧娱乐于一体的旅游休闲综合体。渔人广场，标志性构筑景观展现、室外咖啡伞座、室外茶座、商业表演等。洋货街，提供免税商店和cosplay拍照等。万国美食城，可以体验不同地域美食。五洲酒吧街，体验各国名酒汇和举办私人聚会等。在君子古街渔人码头区域，新建街巷依托引进的餐饮、酒吧、零售等业态的设置，并通过现代的免税商业综合体建筑渲染码头氛围（如图3-19，图3-20）。

图3-19 渔人码头水岸剖面设计图（1）

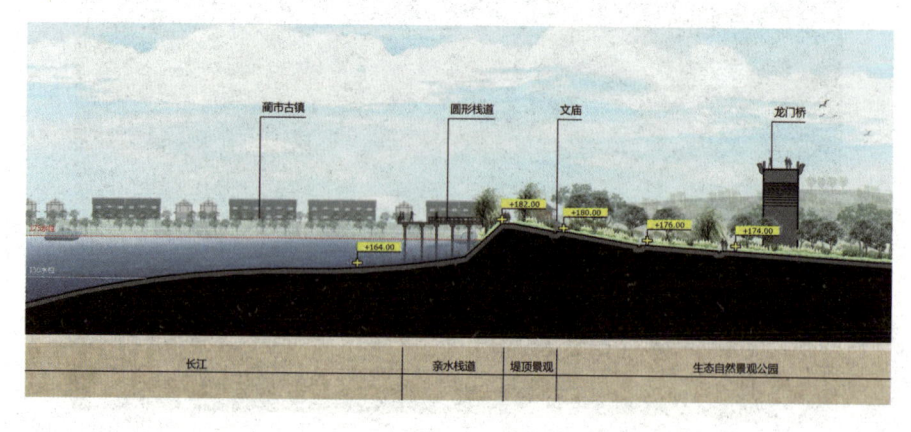

图3-20 渔人码头水岸剖面设计图（2）

（2）蔺市乡村旅游文化中心——君子文化园

展现蔺市乡村鸡犬相闻，夜不闭户，和谐、安逸的君子古镇文化气质，通过对文化长廊、历史文物和现有建筑功能提升的形式进行打造。君子文化长廊，以文化长廊的形式，将蔺市从古至今的发展进行体现，描摹长江岸线上的黄金驿站的历史线条，将一座繁华过、兴盛过、落寞过的百年老镇以雕刻、画卷、文字、诗歌、音乐等形式进行全方位的展现。在文化提升方面，将文庙打造成为"蔺市出君子"的核心文化膜拜型产品，打造孔圣人雕塑，以满足广大学子寄托求学求知的愿望，营造一种人人到蔺市、人人成君子的文化理念；在产品优化方面，构建君子殿，展现蔺市历代名人，侧面支撑君子之乡的小镇形象。规划龙门桥，提升区域景观，设计道隆雕塑作为区域内的大型景观雕塑（如图 3-21）。

图 3-21 君子文化园水岸剖面设计图

13.4.2 蔺市古镇游览区（两条街巷、三个坊间、六处堂院、九座宫庙）

主题功能为古镇观光、文化休闲、民间传统技艺创业，形象定位为百年黄金驿站，策划思路为打造原汁原味还原蔺市百年老镇生活。蔺市古镇的打造以还原百年老镇生活为目标，重现路不拾遗、夜不闭户的君子生活为宗旨，以构建客栈、作坊、零售、餐饮、会所五大创业载体为重点，打造集古镇观光、非物质文化体验、文化休闲度假于一体的综合型旅游小镇（如图3-26）。空间上规划老镇和君子湖为两大核心空间节点，进行功能上的区分，老镇区域主打大众化、平民旅游休闲产品，君子湖区域主打精品化、中高端旅游休闲品。

　　文化上突出君子文化的传承，通过君子文化将蔺市古镇的文化元素进行统领，展现古镇文化氛围。君子文化的创新，通过对蔺市文化的创新运用，打造文化衍生产品，体现艺术文化氛围业态上重点布局老镇区域，以大众化的特色餐饮、平民化的古镇客栈、体验化的商品零售三大业态为主，构建一个亲民、实惠、有趣的业态集群，吸引创业者目光君子湖区域；以创新化的改良餐饮、特色化的精品客栈、艺术化的文化店铺三大业态为主，满足不同消费者的需求，同时也为高端创业者提供土壤。

　　景观上设计还原自然生长的老镇形象，构建古色古香的景观环境。建筑方面还原老镇建筑形态，再现三宫六庙，在风貌统一的前提下，赋予不同的旅游功能，丰富古镇游览体系创业方向上支持中小型创业行为，包含手工作坊、客栈、餐饮、会所等休闲服务项目（如图3-22）。

图3-22 蔺市古镇游览区平面设计图

（1）两条街巷——君子古街、蔺市文创街

君子古街，由君子广场和街巷组成，广场主要作为景观的集中体现区域，街巷部分依托现存古街进行大众化的餐饮、零售等业态的设置，并通过街头表演等形式渲染古镇氛围蔺市文创街，位于君子湖东侧，紧邻文化旅游创业园，以精品住宿、特色餐饮、文创商品售卖和文化会所等业态为主（如图 3-23）。

图 3-23 两条街巷游览区平面设计图

（2）三个坊间——手工坊、文创坊、演艺坊

三个坊间游览区包含了酿酒坊（①）、酿醋坊（②）、手工艺坊（③）、文创坊（④）、演艺坊（⑤）、旅游小商品坊（⑥）等（如图 3-24）。

手工艺坊：展现酿酒、酿醋、油醪糟、蔺市编织等手工技艺，并进行售卖，作坊采用前店后厂的形式，以坊后制作、坊前售卖来吸引消费者观摩和动手制作。

文创坊：集设计、研发、售卖、体验于一体的文创作坊，文化内核以君子文化、道隆禅学等文创产品研发为主，通过服装、旅游小商品、食品、休闲会所等多种形态体现。

演艺坊：区域内大型户外演艺，依托君子湖进行夜晚的文化表演，以道隆的生平事迹为线索进行主题故事的搭建，配合灯光电进行舞台效果的渲染。

图 3-24 三个坊间游览区平面设计图

（3）六处堂院——区域客栈群落

通过对大户院子的还原和重建，打造区域住宿项目，六处堂院游览区包含了雷家院子（①）、孟家院子（②）、善堂（③）、鲁班堂（④）、奚家院子（⑤）、精品客栈（⑥）、蔺家院子（⑦）等（如图 3-25）。

图 3-25 六处堂院游览区平面设计图

老镇区域主打平民客栈，还原老镇生活。包括雷家院子（商贾主题客栈）、孟家院子（大夫主题客栈）、奚家院子（养生主题客栈）和蔺家院子（明清主题客栈）。

君子湖区域主打精品客栈，体现蔺市镇的文化艺术生活，包括鲁班堂（木作主题客栈）和善堂（禅修主题客栈）。

（4）九座宫庙

包含了川主庙（①）、张爷庙（②）、禹王宫（③）、王爷庙（④）、万寿宫（⑤）、文庙（⑥）等（如图3-26）。主要功能包含了川主庙（求平安）、张爷庙（习武）、王爷庙（赏戏）、文庙（求学）、火神庙（看烟花）、山王庙（断案）、南华宫（探秘）、万寿宫（寻药）和禹王宫（品茶）。

图 3-26 九座宫庙区平面设计图

13.4.3 文化旅游创业园

主题功能为旅游创业和产品研发，策划思路为打造重庆本土的旅游商品研发、生产、销售基地，依托重庆主城、涪陵双城辐射的战略区位、一小时内到达的便捷交通、廉价的土地和人力成本、丰富的旅游资源、重庆旅游商品研发初级的市场现状，通过争取政策、税收、土地、创业等方面的利好条件，吸引广大从业者，将该区域打造成为重庆第一个以旅游商品为主题，集研发—生产—销售于一体的旅游创业基地。该区域核心产品包含旅游工艺品基地、旅游土特产基地、蔺市创业智库、创客酒店和游客服务中心（如图3-27，3-28）。

图3-27 文化旅游创业园游览区平面设计图

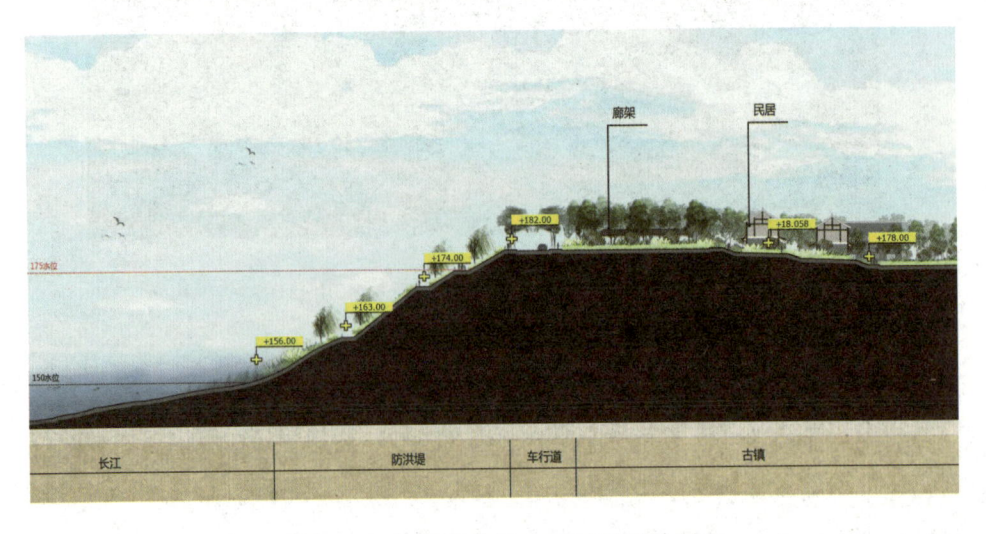

图3-28 文化旅游创业园剖面设计图

（1）旅游工艺品基地

旅游工艺品基地游览区包含了编织艺术手工坊(①)、剪纸艺术手工坊(②)、扎龙艺术手工坊（③）、民间工艺坊（④）、造纸坊（⑤）等（如图3-29）。景区工坊重点对蔺市本土的旅游工艺品进行加工制作，以编织、造纸、扎龙等在当地具有一定影响力的手工技艺为主，进行生产和销售，工坊进行景区化打造，让游客既能观看制作过程也能亲自体验，形成品牌效应；远期可以融入重庆其他区域的工艺品制作，形成一定的规模，打造重庆本土最大的工艺品生产加工销售基地，同时也是极具体验感和参与感的特色景区。

图3-29 旅游工艺品基地游览区平面设计图

（2）旅游土特产基地

旅游土特产基地游览区包含了酒坊（①）、咖啡销售（②）、干货坊（③）、张飞牛肉店铺（④）、腊肠坊（⑤）、涪陵特产专卖店（⑥）、小吃街（⑦）等（如图3-30）。空中商铺依托长江邮轮码头建成后带来的广大外地游客群体，打造重庆范围内土特产品的加工、批发、销售基地，以实体店+电商的形式展开；旅游培训基地可以建立乡村旅游从业者的培训学校等。

图 3-30 旅游土特产基地游览区平面设计图

（3）蔺市创业智库

蔺市创业智库游览区包含了乡村书吧（①）、工艺品展示店（②）、手工品商铺（③）、特色咖啡吧（④）、科技展示馆（⑤）、手工作坊（⑥）等（如图 3-31）。蔺市创业智库作为产品创意研发基地，可与高校合作，共同成立重庆旅游文创产品研发项目，对现有的土特产品、手工艺品进行文化的包装和加工，打造重庆本土的文化创意品牌，吸引高校毕业生前来创业。

图 3-31 蔺市创业智库游览区平面设计图

（4）创客酒店

创客酒店游览区包含了咖啡吧（①）、商务会议（②）、酒店民宿（③）、交流中心（④）等（如图3-32）。此区域涵盖了商务会议、酒店与特色民宿、主题展览会议、业界交流等主要功能。

图3-32 创客酒店游览区平面设计图

（5）游客服务中心

游客服务中心游览区包含了游客集散中心（①）、入口标志（②）、手机扫码自助区（③）、自行车乘车点（④）、观光车换乘点（⑤）、停车区域标识（⑥）、景区停车场（⑦）等（如图3-33）。本区域以宋代仿古建筑风格为主，服务游客停车、集散、换乘、休憩、投诉、医疗等功能。具体实施途径为：

提升功能：完善游客中心的功能和服务内容，为游客提供宣传展示、票务、救援、受理投诉等服务，提升软件水平。

智慧景区：在游客中心运用高科技电子技术全方位地展示景区，为游客提供最实时的景区信息，向游客展示多维立体的景区，方便游客游览。

完善配套：生态停车场、标识标牌系统、星级厕所、垃圾箱等。

图 3-33 游客服务中心平面设计图

13.4.4 道隆禅学园

主题功能为禅学体验和文化休闲。策划思路为将道隆高僧出生、成长和辉煌的生平轨迹进行体现，以道隆故居和主题文化展览馆为载体，通过枯山水的园林景观打造禅学文化公园，展现一代高僧的生平事迹和禅学修为，为万千信徒提供一个精神膜拜之所。核心产品包含禅风园林、道隆文化展览馆和道隆故居（如图 3-34，图 3-35）。

图 3-34 道隆禅学园游览区平面设计图

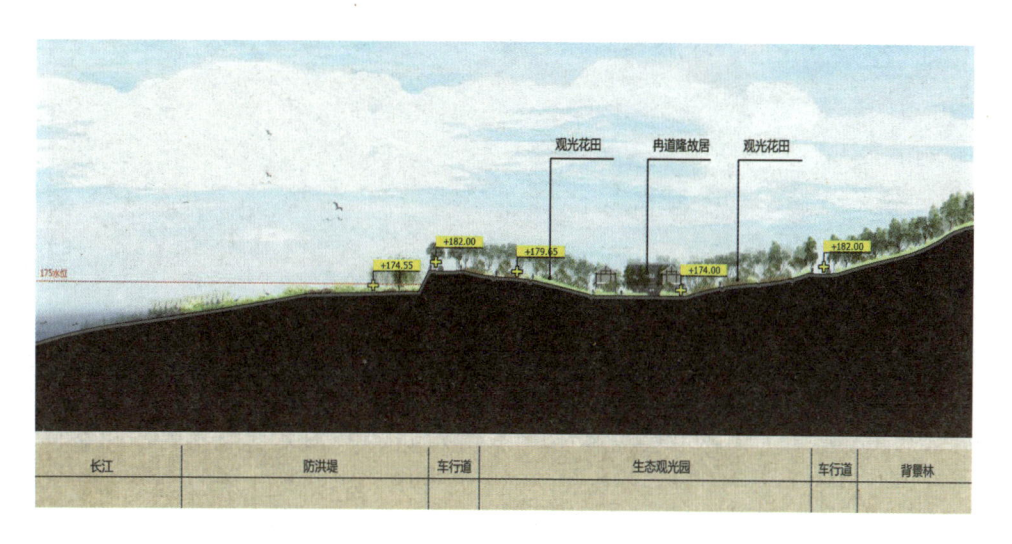

图 3-35 道隆禅学园游览区剖面设计图

（1）禅风园

禅风园包含了禅修山水景观、禅艺园、石灯笼、禅修之道、禅修亭、故居草房和参悟之水景观区等。日本园林深受东方禅学影响，而道隆又是日本禅学的创始人。在该区打造以枯山水景观为主的园林，将道隆故居和道隆文化展览馆进行容纳，营造浓郁的禅学大师从出生、成长到成功的文化氛围。

（2）道隆文化展览馆

道隆文化展览馆包含了禅舍（①）、讲道园（②）、修道园（③）、禅修博物馆（④）等（如图 3-36）。其中，规划了圣人童年、禅宗学徒、一代宗师三个主题展览园。

圣人童年：涪陵段落，通过对史料的解读，展现冉道隆高僧的童年生活，展现一代大师的成长环境，谱写高僧传说。

禅宗学徒：成都、浙江段落，道隆高僧的学佛生涯主要在成都和浙江两地。该部分主题展现道隆修习禅学佛法的内容。

一代宗师：日本段落，主要展现道隆高僧的生平成就和异国他乡弘扬佛法的事迹，包含展示书法、经书、法寺等。

图3-36 道隆文化展览馆游览区平面设计图

（3）道隆故居

道隆故居游览区包含了道隆故居（①）、故居讲解园（②）、道隆求道园（③）、禅艺园林（④）、禅意山水（⑤）、故居之邻（⑥）等（如图3-37）。以简陋的瓦房或草房进行建设，将道隆的成长环境以建筑的形态进行表现。除此之外，还可以不定期地进行小型演艺，将名人文化打造得生动鲜活。

图3-37 道隆故居游览区平面设计图

13.5 建筑布局

13.5.1 蔺市建筑肌理发展演变

蔺市镇有着丰富的建筑旅游资源，可谓是自然与人文景观交相辉映、传统与现代元素完美结合。在这里，有历史悠久的蔺市古镇，有中西合璧的美心红酒小镇，有风景秀美的梨香溪，有坪上田园自然风光，还有龙舞、评书、戏曲及特醋、油醪糟等民俗民风和传统工艺。至今，蔺市镇有保护较为完善的明清古街道建筑以及丰富的文化遗韵，有著名的雷家院子、龙门桥，还有文庙、王爷庙、南华宫、万寿宫、禹王宫等宗教场所，另有鲁班堂、太平池、龙门桥、碉楼等历史遗迹十余处。

从依水而居—聚户成村—驿站初始—建房成市—合市建镇，梳理蔺市建筑肌理发展脉络。根据旅游景观规划，结合建筑现状，在乡村旅游发展新形势下，将其打造为重庆新型乡村旅游建筑据点（见表3-4）。

表3-4 蔺市建筑肌理的发展演变

阶段	发展背景	图说过程	建筑肌理模型的演变效果
依水而居	很久以前，先民迁徙至此，依托长江、梨香溪，以渔业为生		
聚户成村	随着渔业的发展，居地人口增加，逐渐形成烟户稠密的小村落		
驿站初始	此地水路、陆路交通便利，官方在此设立了驿站和码头		

续表

阶段	发展背景	图说过程	建筑肌理模型演变效果
建房成市	人烟鼎盛，商品交换频繁，建房成"市"，形成里弄街市		
合市建镇	商贸往来日渐繁华，街巷楼场院等基础设施完善，演变成初具规模的君子镇		
旅游据点	乡村旅游的发展机遇给了蔺市镇腾飞的希望，美好的未来可以预见		

13.5.2 古镇空间结构研究

重庆各地区古镇独具特色，古镇也是重庆乡村旅游发展的重要载体之一。古镇民居是传统文化不可多得的"活化石"。古镇保留了旧时代的生活痕迹，徜徉在古镇老街，远离喧嚣的城市，总能感受到自然的宁静和历史的沉淀。传统的街、巷、楼、场、院作为古镇空间构建的基本要素，其空间形态构成了不同古镇特有的风貌，述说着每一个古镇特有的故事。

（1）街　街道空间的底界面是人直接接触的一个界面，是和人们心理、视觉和触觉上接触率最高的界面，对限定空间起到重要作用。不同的街道空间尺度会影响人们的行为和心理活动。本案设计中延续古街原有脉络，保留其古街特有的韵味。空间上引水入街，形成以水为导向的街道体系，让不同区域的街区融会贯通，构建完整的环状街区系统（如图3-38）。

（2）巷　街与巷两者密不可分，常被称为街巷，但两者并不能完全等同。

那何为街？何为巷？《诗经》记载："直为街，曲为巷；大者为街，小者为巷。"巷作为街的延续，让整个空间变得更加灵动与便利，其不仅能满足古镇功能需求，同时也创造了更多偶发性和趣味性空间（如图3-39）。

图 3-38 蔺市古镇街空间设计分析图

图 3-39 蔺市古镇巷空间设计分析图

（3）楼　楼作为古镇中不可或缺的一部分，是古镇中的标志性建筑，是古镇的文化底蕴和历史风貌的重要体现，也是古城镇的精神核心。本案例在关键节点处新建标志性塔楼，展现当地的历史底蕴和文化风貌。塔楼也作为地块的结构中心，加强了整个空间的连续性和吸引力（如图3-40）。

（4）场　作为开阔之地，具有较强的可识别性和可达性，是古镇体系中的关键节点，也是居民和游客相互了解的重要场所。本案例中设置了多个场地，其作为公共活动场所，能给人们提供很好的交流空间，同时作为人流集散之地，能很好地带动周边发展（如图 3-41）。

图 3-40 蔺市古镇楼空间设计分析图

图 3-41 蔺市古镇场空间设计分析图

（5）院 庭院是古镇系统的基本组成单元，是古城文化底蕴的展示空间，同时与人们的生产生活密切相关，是人们的独特精神空间。本案通过对院落的重组和再现，以四合院和三合院等院落形式的组合扩大沿街商业空间的进深，在构建完整古镇空间的同时，增加了交往空间，创造了宜住宜商的古镇格局（如图 3-42）。

图 3-42 蔺市古镇院空间设计分析图

13.5.3 建筑空间规划布局

在古镇建筑空间规划布局上，在原有基础上新建部分注重建筑空间的起承转合关系；在游客体验中心、老镇建筑、君子湖建筑、创客街区建筑、民宿休闲美食街建筑和道隆禅风园建筑等六大节点处重点做规划研究，并对建筑容积率进行规划分析（如图 3-43）。

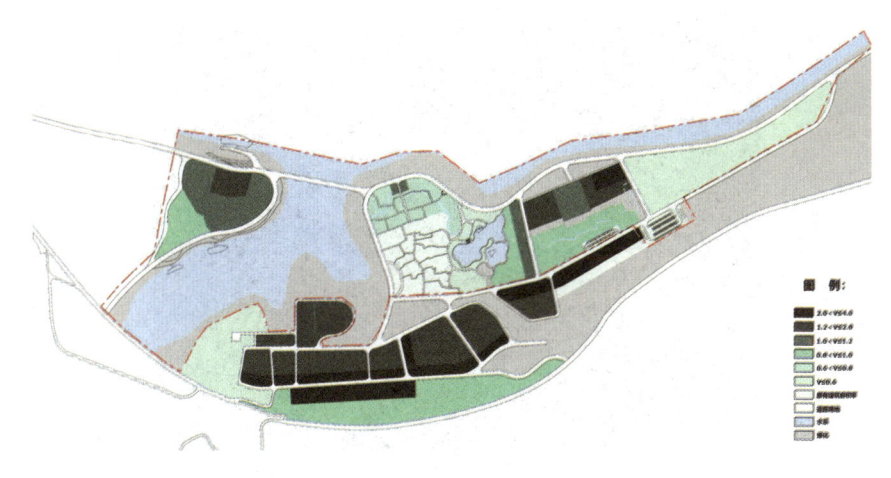

图 3-43 建筑空间规划容积率规划图

（1）**游客体验中心节点** 本区域北临长江，东临梨香溪，建筑布局和立面充分考虑沿江界面的景观优势。建筑风格上采用现代前卫的设计，致力于打造长江沿线集旅游购物、特色餐饮、酒吧娱乐、观演体验于一体的地标性体验式商业综合体（如图3-44，图3-45）。

图3-44 游客体验中心节点空间设计分析图

图3-45 游客体验中心节点平面设计图

（2）老镇建筑节点 建筑布局延续原有古镇的肌理，通过对街巷的梳理，楼、场、院的重新构建，形成完整丰富的古镇空间格局。建筑风貌延续原有川东传统民居建筑的风格，修旧如旧，还原历史古镇的原有风貌（如图 3-46，图 3-47）。

图 3-46 老镇建筑节点空间设计分析图

图 3-47 老镇建筑节点平面设计图

（3）君子湖建筑节点 建筑布局分为两片区域。左侧建筑单体散布于君子湖畔，依托君子湖优美的风景，打造静态休闲产品；右侧布置一条君子文化水街，采用一河两街的布局方式。整体建筑风貌采用经过演绎的川东民居建筑风格，力求达到传统与现代的融合，特殊的建筑空间也更加适合现代商业业态（如图3-48，3-49）。

图3-48 君子湖建筑节点空间设计分析图

图3-49 君子湖建筑节点平面设计图

（4）创客街区建筑节点　创客街区根据建筑功能特点，采用开放式街区串联创业院落的手法，其空间形态由传统的古镇街区演化而来。创客街区注重景观和创意展示广场的空间互动，强调空间的渗透性和聚合性。建筑风格取意传统民居，营造传统建筑的印象空间（如图 3-50，图 3-51）。

图 3-50　创客街区建筑节点空间设计分析图

图 3-51　创客街区建筑节点平面设计图

（5）民宿休闲美食街建筑节点　建筑空间延续古镇肌理，通过对街巷楼场院的构建，水系的引入，创造独具商业氛围的街区空间。建筑风貌修旧如新，既是古镇风貌的延续，又有现代商业需要的展示空间和交流空间（如图3-52，图3-53）。

图3-52　民宿休闲美食街节点空间设计分析图

图3-53　民宿休闲美食街建筑节点平面设计图

（6）道隆禅风园建筑节点　道隆禅风园和道隆纪念园的建筑依托周边优美环境，建筑采用古朴自然的禅意风格，充分表达了对禅宗思想和精神的追求（如图3-54，图3-55）。

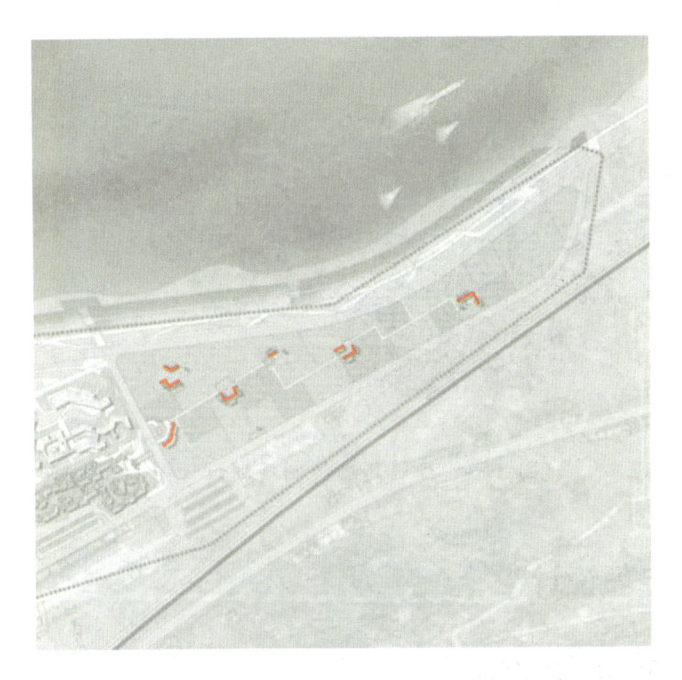

图3-54 道隆禅风园建筑节点空间设计分析图

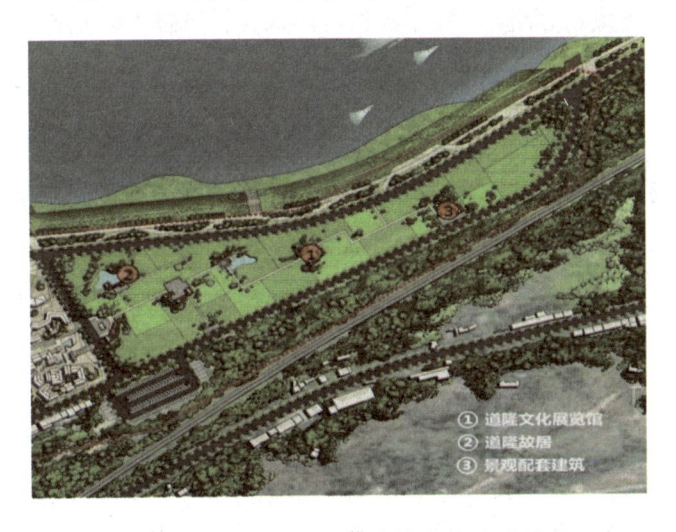

图3-55 道隆禅风园建筑节点平面设计图

此外，在设计过程中还对场地的建筑高度进行了控制分析，优化建筑空间布局（如图3-56）。

图 3-56 建筑高度控制规划设计图

13.6 专项设计

13.6.1 植物系统设计

在植物系统规划方面，注重本土树种的选择，依照"尊重现状，吉祥荫庇"的设计原则，合理规划植物绿化系统。保留现存较多大树，以黄桷树、栾树等乡土树种为主，明确点位后，将在设计中予以保留，结合景观设计突出地域特色。将传统植物菩提树、莲花和文殊兰等有机结合，作为景区的景观植物主题进行打造，增加吉祥如意的商业氛围。对渔人码头桉树林、杨树林、蒿草群落，梨乡溪消落带，白岩山阔叶林，文庙周边阔叶林，长江滨水岸线消落带，古镇堤岸绿化等重点区域综合评估，合理规划植物种类，形成生态观光林、休闲水景林、防护生态林、古镇风情林、文化体验林和商业休闲林等六大植物生态体系（如图3-57）。

乔木选型种类有香樟、黄桷树、水杉、栾树、垂柳、紫薇等；地被植物选型种类有红花酢浆草、西洋鹃、栀子花、玉簪、冷水花、文殊兰等；水生植物选型有铜钱草、睡莲、鸢尾、小香蒲、荇菜等。

图 3-57 植物生态系统规划

13.6.2 导视系统设计

基地各个主体区域都设有相应的导视标志，区域索引、方向指引、警示等，使来往游客能快速到达目的地。指示牌每 90 米放置一个，全区约放置 60 个（如图 3-58）。

图 3-58 导视系统分布规划设计图

13.6.3 基础设施分布

基地各个区域都设有厕所、售卖点、酒店等公共设施，公共设备配套齐全。其中厕所大约每1000米设置1个，全区约设置8个。基地设有小品雕塑，自行车租赁及公共饮用水等基础设施，相应的基础设施配套齐全（如图3-59，图3-60）。

图3-59 公共服务设施规划设计图

图3-60 基础设施规划设计图

13.6.4 照明系统设计

照明灯光设计需遵循三个原则，即安全性原则、艺术性原则、标志性原则。

首先，在主要道路及夜间活动场地设置足够明度的照明灯具，保证场地夜间活动的安全性。然后，根据重要节点的景观氛围打造艺术性的灯光设计。例如，在休闲滨江带打造轻柔温馨的灯光氛围、在渔人码头与洋货街打造现代活跃氛围、在古镇及美食街、文创街打造柔和优美的灯光氛围、在滨湖游览带打造浪漫丰富的灯光氛围，同时用灯光强调标志性建筑和重要游览节点。在选型上，注重环保材料，简单复古的灯具设计更能增添古镇的气氛；在重要的景观节点点缀有特色的景观灯，使氛围更加浓烈。

夜景灯光设计可以突出旅游小镇的夜晚氛围，在主要道路及夜间活动场地设置足够明度的照明灯具，保证场地夜间活动的安全性，根据重要节点的景观氛围打造艺术性的灯光设计。夜景灯光设计需注重以下四个设计原则：

（1）节能环保。以环保为宗旨尽可能用低耗的物质能源，如 LED 等。

（2）安全稳定。安全稳定性高，便于夜间活动。

（3）便于施工维护。造价低，维护成本低，易施工，易养护。

（4）特色照明。线条简洁颜色低调，易融入于周围环境提升夜景的照明效果。

14 乡村休闲体验类——重庆巴南区二圣镇茶园旅游景观改造设计研究

14.1 项目规划背景

项目所在地位于重庆巴南区二圣镇二圣茶厂区域，这里自然环境优越，云雾缭绕、空气清新、土层深厚、茶园被森林环抱，是生产无污染高品质茶叶的理想之地。项目车行入口紧邻 103 省道。鉴于对生态环境保护及茶叶的无污染生产的需求，停车场集中设置在茶厂前端 600 米处。

14.2 总体规划设计

14.2.1 设计理念

本项目从现状问题出发，强调旅游与茶园生产之间的互动关系，主要解决交通组织、园区景观组织和重要节点打造三大问题。交通组织方面，对场地内部现有车行及人行道路的梳理。合理规划园区路线和游客路线。园区景观组织方面，出入口景观重点打造，突出园区景观区域之间的联系。重要节点打造方面，主要对园区水景改造升级，冲沟的恢复及改造设计，广场优化改造升级，出入口景观进行改造与提升。景观设计与旅游开发相结合，引导规划区内茶农创业，设置茶主题农家乐和特色民宿，为游客提供一个可以览山色、观云海、闻茶香、进农舍、看民俗、逛茶园的生活体验景观（如图3-61）。

结合场地基本情况及"茶"在人们精神层面的丰富含义，在保护自然生态的基础上，提出"设计融入自然"的控制原则。在不改变原始场地的基础上，尽可能地采用原始、自然的材料来营造环境氛围。充分利用场地内现有的建筑材料，考虑生态节能措施，提升园区景观品质。

在景观风格营造方面，突出"茶文化"的精神内涵，重在于"质"的打造，在细微之处彰显品质。在形式上比较内敛、含蓄，既有中国传统园林的韵味，又不失自然的本真。在"设计迎合自然"的手法下，给游客展示一种"源于自然，高于自然"的景观品质。在细部的处理上，尊重场地的原始地形，运用当地材料，不刻意加工。或堆砌、或碎拼，在满足功能的基础上，兼具形式美、自然美。充分利用现场植被条件，局部适当补植、移植，尽量做到对自然的最小干预。同时，利用茶本身附带的精神层面含义，营造富有"静谧、禅、悠然"等内在氛围的空间，使游客身在其中，能够感受到茶叶的清香，体会到茶园的幽谧。

① 入口标识　　　⑦ 小桥流水
② 入口景墙　　　⑧ 生产车间
③ 景观大道　　　⑨ 茶艺体验馆
④ 生态停车场　　⑩ 茶山水情
⑤ 茶田　　　　　⑪ 登山观云
⑥ 疏林草地　　　⑫ 接待中心

图 3-61 茶园旅游景观规划设计总平面图

14.2.2 设计原则

景观氛围的营造：在"设计融入自然"原则的控制下，竭力打造一种"贴近自然，体验自然"的景观氛围。

空间的营造：首先，对原有场地充分地尊重，对需要进行改造的区域进行细部修改，包括材料、植物等；其次，设计后的场地与原有场地周边衔接自然，和谐统一；最后，能够最大程度地便利前来参观游览的市民。

主要节点的打造：对于场地内部比较重要的节点，首先分析其功能需求。在满足需求的基础之上，充分利用周边环境的自然资源，营造一种或自然、或生态、或放松的环境氛围。

材料的选择：采用本地原有石材，表面做自然面处理。挡墙、景墙等采用碎石干砌的手法营造，尽量融入自然。

植物的选择：尽量利用场地内部现有的植被。对于植被比较凌乱的区域，可以适当地挪移，补充部分绿化不足的区域。

景观小品的选择：景观小品的风格类型与园区设计风格保持一致，选用表面材料自然，造型质朴的类型。

14.2.3 规划布局

（1）总平面布局

方案旨在原有基地条件的基础上进行"小工程量"的设计与调整，可实施度高，丰富了游客体验及产品体系，场地分为接待活动区、景观茶田、夹谷体验区、农情采摘区、茶叶加工区五大功能板块，以及十几处景观节点（如图3-62）。

图3-62 场地功能区划设计图

（2）道路规划布局

在原有现状道路基础上，结合乡村旅游休闲体验需求，围绕茶山水情、小桥流水、茶艺体验馆和登山观云几个重要景观节点重新规划步行道路。将原有散布的茶梗道路按区调整，将茶园种植区和游客游览区分离，保证两区独立性的同时又能保障相互间的关联性，便于协调生产与旅游的关系（如图3-63）。

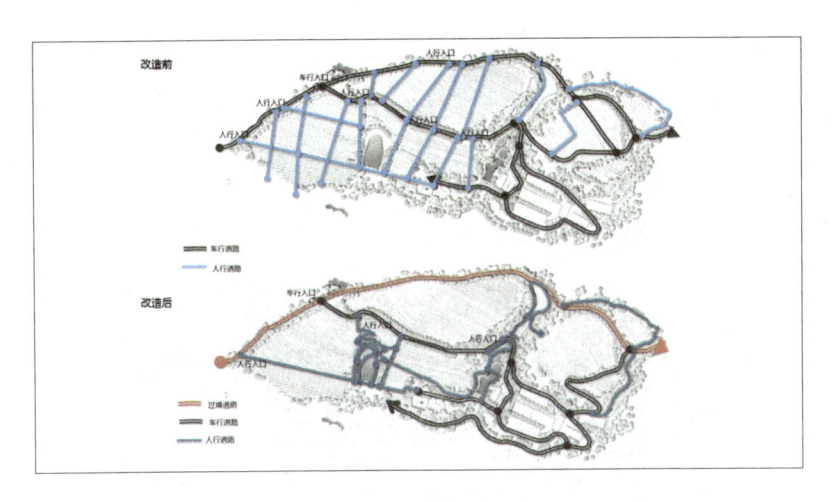

图 3-63 道路改造策略图

场地活动设计根据场地的地形高差变化，在四处高地设置俯视观景点，从开放空间、半开放空间和私密空间三个层面进行空间划分（如图 3-64）。

图 3-64 场地活动分析规划设计图

开放空间区域视线开阔，视域面较长，植被稀疏，不遮挡视线，既可以俯视，又可以仰视，方便观赏茶田空间，适合摄影、远眺等。半开放空间区域，受自然地形围合的限制，植被较密集，视线通透性不强。适合休息、交谈、摄影等活动。私密空间区域，主要是受场地功能的影响，植被较密集，视线通透性差。

适合私人的活动，如聚会、住宿、品茶等。结合地形高差变化，重点打造以下八个节点：园区入口节点、景观大道节点、疏林草地节点、小桥流水节点、私家园节点、茶山水情节点、山顶观云节点、林中漫步（如图3-65，图3-66，图3-67，图3-68）。

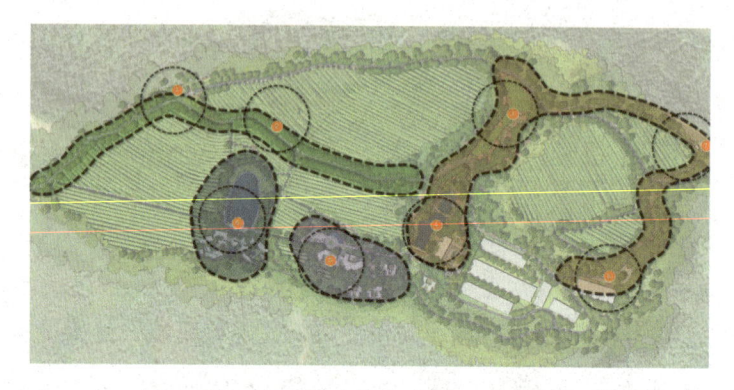

图3-65 场地节点分布设计图

图3-66 场地竖向分析设计图

图3-67 场地A-A剖面设计图

图 3-68 场地 B-B 剖面设计图

14.3 主要节点设计

14.3.1 园区入口和景观大道节点

设计策略：入口流线的道路空间以两侧冠状乔木围合空间为主，精致的茶庄园标示和毛石挡墙相结合，创造出主入口的第一映象。在两侧树木的间歇设平台，开阔茶田尽收眼底，形成入口序列的一个创意点（如图 3-69，3-70）。

图 3-69 入口和景观大道节点平面设计图

图 3-70 入口现状与设计对比图

14.3.2 疏林草地节点

设计策略：游人停车后经过一段狭窄的林间步道，开阔的欢乐草坪展现在眼前，形成又一兴奋点。人们可以在草坪上嬉戏、沐浴冬日暖阳，也可以漫步于林缘步道之中，欣赏自然生长的野花。漫步而上，设计灵巧的观景平台带给人们惊喜的同时，也可以俯瞰整个欢乐草坪的壮美（如图 3-71，图 3-72）。

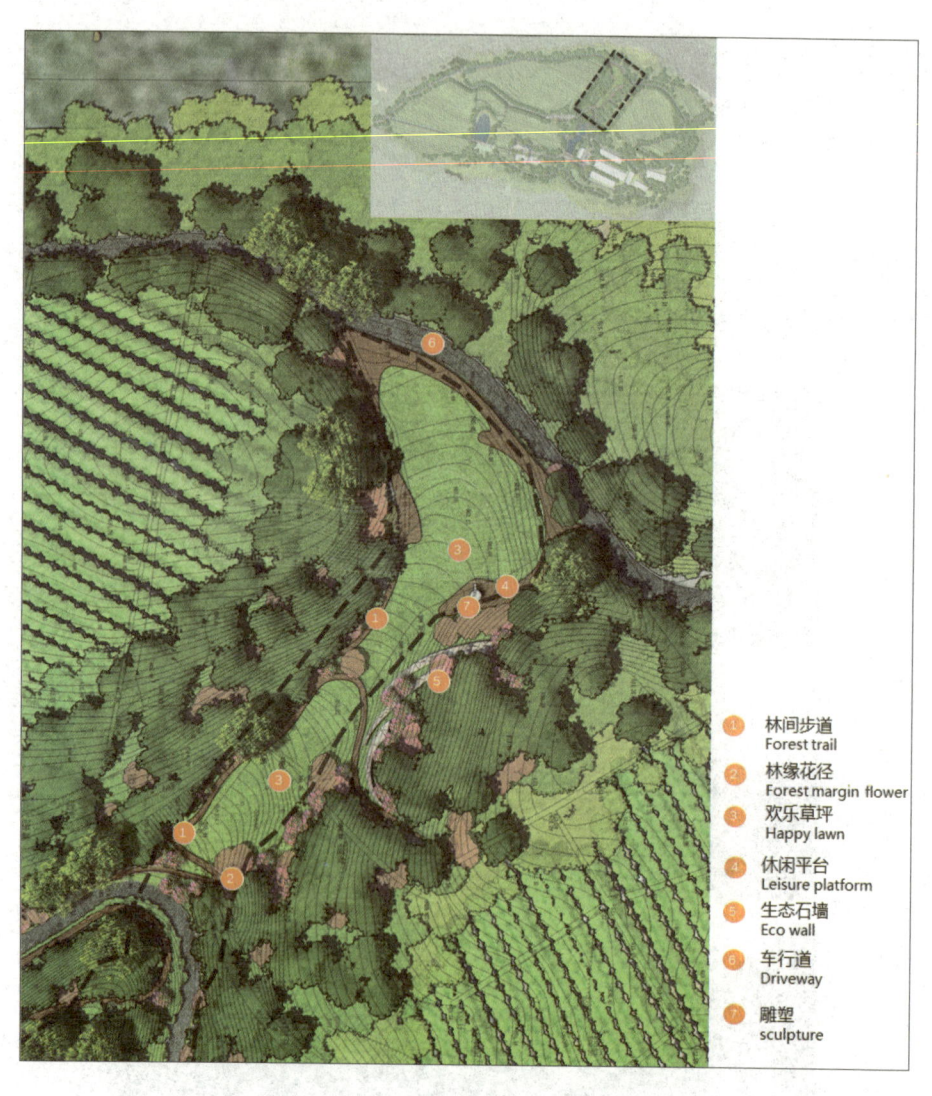

图 3-71 疏林草地节点平面设计图

图 3-72 疏林草地节点现状与设计对比图

14.3.3 小桥流水节点

设计策略：结合地势与现有水景，在高差跌落处以景石收边做成景观跌水，以增加场地的自然韵味；在水体较窄处用景观桥提亮节点，也成为场地的第三惊喜——小桥流水人家。在现状广场处设计了镜面水景，以提升场地的意境；右侧木平台中设计了两处室外茶舍，可供工作人员闲适品茶并观赏不远处的枯山水，品茶赏景别有一番韵味（如图 3-73，图 3-74，图 3-75）。

- 153 -

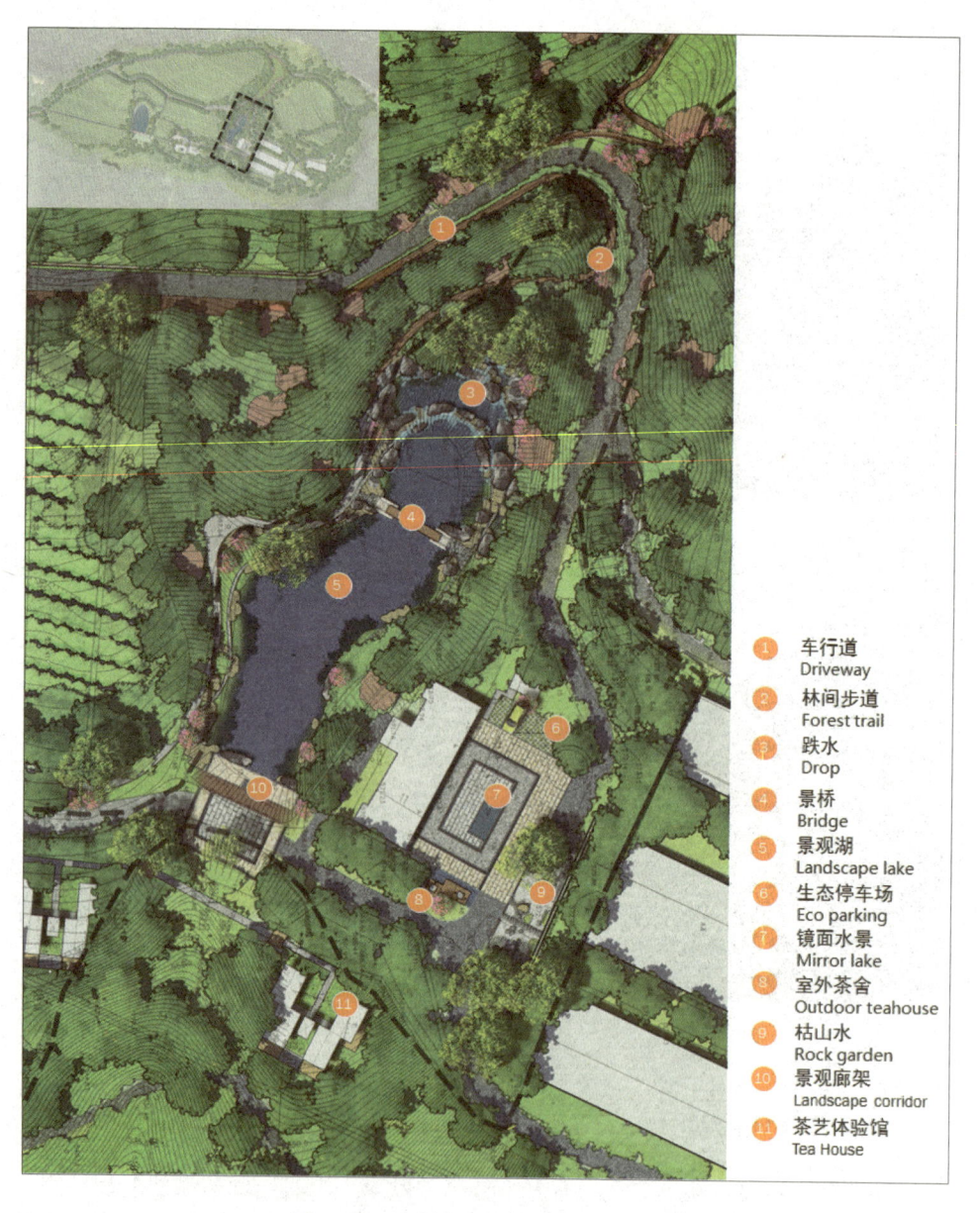

"成渝双城经济圈"建设背景下的重庆乡村旅游景观提升策略研究与实践

① 车行道 Driveway
② 林间步道 Forest trail
③ 跌水 Drop
④ 景桥 Bridge
⑤ 景观湖 Landscape lake
⑥ 生态停车场 Eco parking
⑦ 镜面水景 Mirror lake
⑧ 室外茶舍 Outdoor teahouse
⑨ 枯山水 Rock garden
⑩ 景观廊架 Landscape corridor
⑪ 茶艺体验馆 Tea House

图 3-73 小桥流水节点平面设计图

图 3-74 小桥流水节点现状与设计对比图（1）

图 3-75 小桥流水节点现状与设计对比图（2）

14.3.4 茶艺体验馆节点

设计策略：茶艺体验馆功能要求相对单一，适合聚会、休息、住宿等活动。环境营造突出"静谧、自然"的氛围。设置跌水景观、景石、停车、室外茶座等设施（如图3-76，图3-77）。

图3-76 茶艺体验馆节点平面设计图

图 3-77 茶艺体验馆节点现状与设计对比图

14.3.5 茶山水情节点

设计策略：沿着茶田漫步，一湾宁静的湖面映入眼帘，湖上逸动的栈道让人更好地亲近水面。湖边缓坡草坪给前来欣赏的人们提供了一个舒适惬意的滨水空间，漫步湖边，让人的身心得到释放（如图3-78，图3-79）。

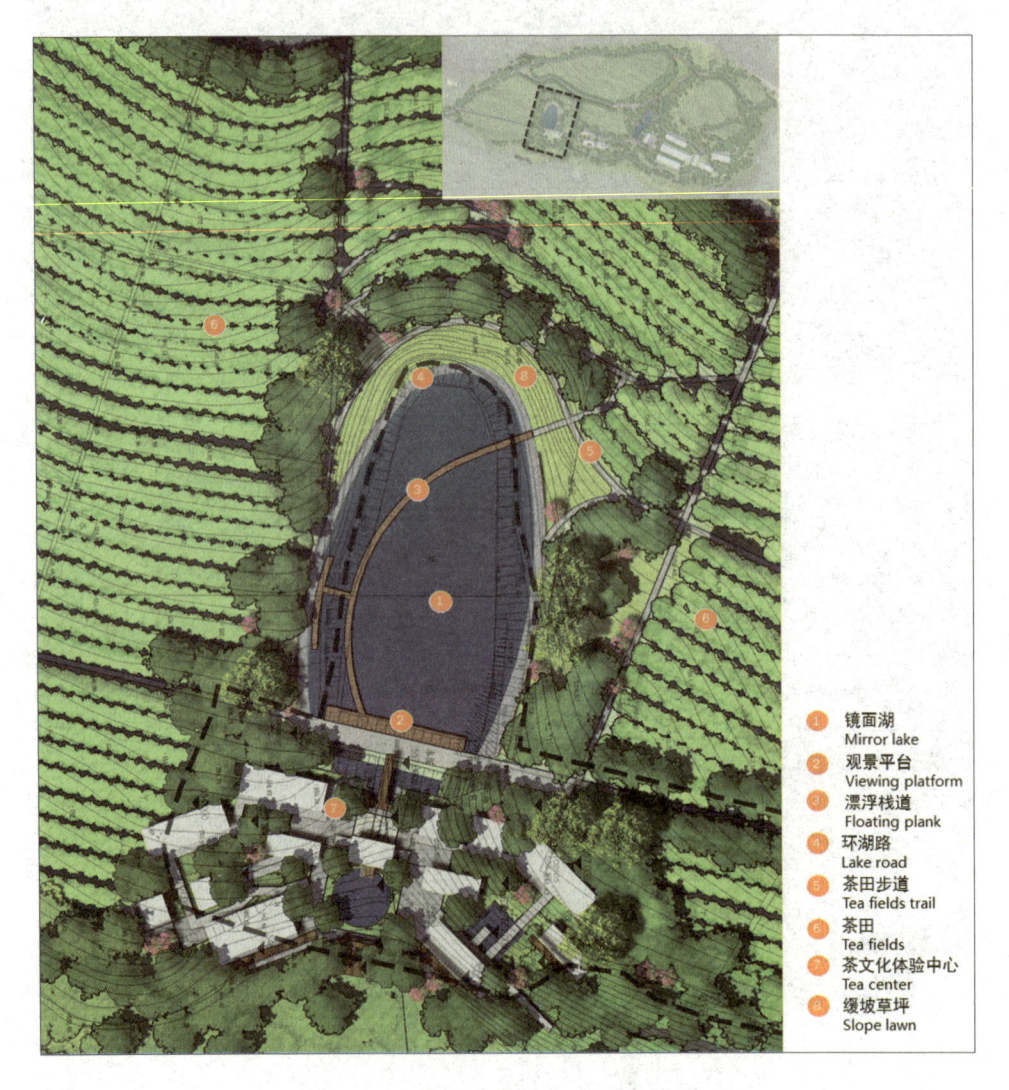

图 3-78 茶山水情节点平面设计图

图 3-79 茶山水情节点现状与设计对比图

14.3.6 登山观云节点

设计策略：此节点主要是满足两个功能，一是完善道路系统，满足车行及人行的需求；二是充分利用现状场地，对景观亭进行外观改造，同时丰富崖线的观景设施。营造手法自然，材料质朴。现存问题：景观亭外观臃肿，与园区景观风格不一致；现场脏乱差，需要提档升级；缺少服务设置等。根据现存问

"成渝双城经济圈"建设背景下的重庆乡村旅游景观提升策略研究与实践

题进行了专项设计（如图 3-80，图 3-81）。

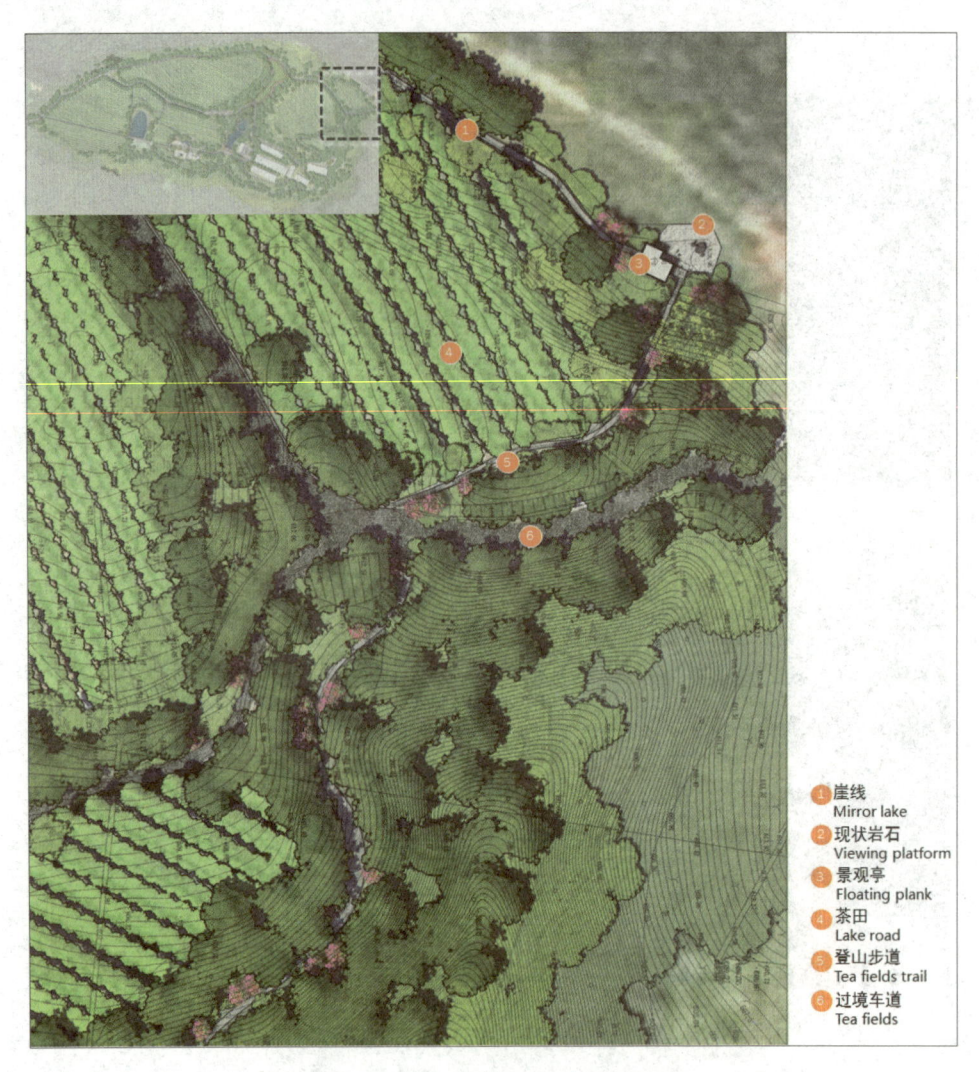

图 3-80 登山观云节点平面设计图

图 3-81 登山观云节点现状与设计对比图

14.3.7 林中漫步节点

设计策略：此节点主要是满足两个功能，一是完善道路系统，满足车行及人行的需求；二是充分利用现状场地，满足草莓种植棚的功能需求及游人观光休憩的场地需求。现存问题：护坡存在安全隐患；缺少植被绿化，植被层次混乱，缺少梳理；道路无铺装材料；道路转弯半径不足等（如图3-82）。

图 3-82 林中漫步节点平面设计图

14.4 专项设计

14.4.1 标识牌专项设计

基地各个主体区域都设有相应的导视标志，区域索引、方向指引、警示等，使来往的游客能快速到达目的地。指示牌每90米放置一个，全区约放置25个（如图3-83）。

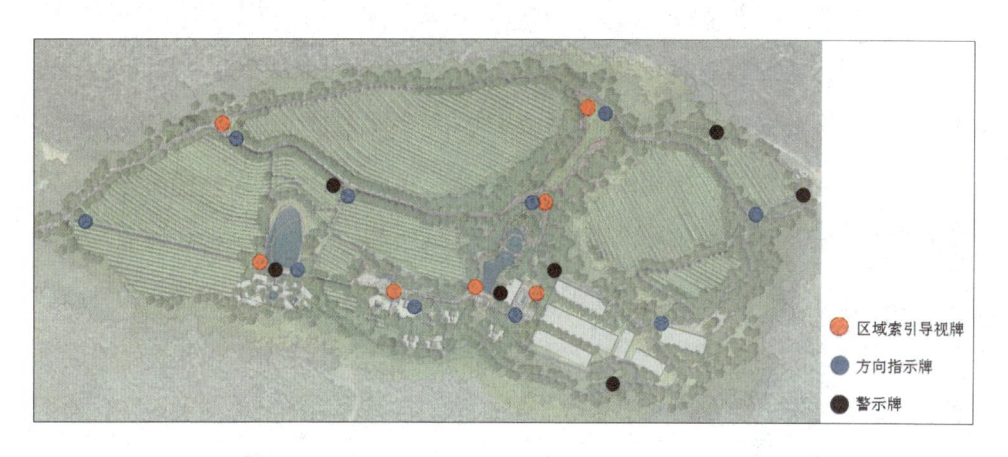

图 3-83 标识牌放置点平面设计图

14.4.2 灯具专项设计

在灯具风格设计上注重与环境氛围协调，运用小型的灯源，使灯具隐藏于景观之中，多使用具有特色的灯箱和环保节能灯型。

14.4.3 铺装材料专项设计

在铺装材料设计上，大量运用当地特有的乡土材料，如溪石、竹材、木材等特色材料，降低成本，也突显自然庄园的特色风格。另一方面为了打造自然、悠闲的度假氛围，景观材料的选择会偏向自然与粗犷，设计上强调不同材料的混合搭配。

15 乡村田园观光类——重庆潼南区乡村油菜花景观规划设计研究

15.1 项目规划背景

15.1.1 区域背景概述

重庆潼南区地处川渝要扼，东邻合川、南接铜梁大足、西连安岳、北靠遂宁，位于成渝经济区的腹地中心。每年春季油菜花盛开时，该区都会举行油菜花节，吸引大批游客前来观光。潼南区崇龛镇是五代宋初、道教至尊陈抟老祖的故里。油菜花节突出发掘陈抟文化治国之略和养生之道的精髓。同时，潼南是西部的绿色菜都，蔬菜种植面积和产量均居全国县域级第二。潼南陈抟故里油菜花景区位于崇龛镇，该镇是重庆市重要的油菜花种植基地，已有 500 多年的种植历史。从 2008 年开始，潼南利用崇龛镇 3 万亩集中连片的油菜花海，已连续举办多届油菜花节，每年都吸引了数十万甚至上百万国内外游客前来观赏，使之享有"全国最美油菜花海""重庆十大春季旅游目的地"等称号。

潼南区油菜种植面积 30 余万亩，其中崇龛油菜基地 3 万余亩，是国内唯一一个可以立体观赏的油菜花景区。每年 2 月下旬油菜花陆续开放，3 月是油菜花旅游观光高峰期，4 月清明节前后油菜花基本凋谢。重庆潼南陈抟故里景区有"中国最美油菜花海"之称，登上陈抟山，可鸟瞰由油菜和小麦"联合创作"的直径为 236 米的太极图，彩色菜花铺就的 3D 太极人及展翅轻飞的仙鹤图等。油菜花节期间，琼江上每个周末都会上演精彩的水上飞人表演，奉上一场花舞人间的视觉盛宴，同时还有非遗节目展演、摇滚音乐节等文艺活动。新建的葫芦坝文创园内，推出了扎染、木艺、陶艺、抟绣等传统技艺体验活动，给游客开启了沉浸式的赏花模式。游客除了可通过直升机、画舫船、观光小火车、速度旱滑、高空滑索 360° 无死角欣赏油菜花海外，还新增了花海飞艇与丛林飞越项目，游客可乘坐飞艇从花海核心区上行至陈抟山顶，再依托落差 14 米的高空索道从陈抟山飞渡到睡仙山,体验一把户外运动的刺激。行至花深处,搭乘复古小火车还能观赏长达4千米的粉色桃林,拥抱春天一路的姹紫嫣红。

15.1.2 油菜花旅游景观发展SWOT分析

(1) Superiority 优势　特色地域文化,旅游名片;农田集中,山地地形富有变化,容易形成大面积立体花海景观,丘陵地带观花景观视野优越;依托重庆全域旅游的发展契机和乡村旅游的兴盛。

(2) Weakness 劣势　花期持续时间3个月左右,旅游峰期较短;基础设施粗放,部分景区垃圾堆放有碍观光,乡间道路泥泞;缺少特色餐饮配套服务,缺乏具有川渝地域特色旅游纪念商品,文创产品开发不足。

(3) Opportunity 机遇　国家乡村旅游政策扶持,重庆全域旅游发展带动,乡村旅游持续升温带来发展机遇;全国范围内重庆潼南油菜花景观已形成品牌,为进一步打造特色油菜花景观带来机遇;依托当地特有资源,开发农业的多种功能,从观花到农业旅游综合体的打造是乡村旅游发展带来的机遇;重庆全域旅游的战略思路为乡村油菜花景观旅游建设从"粗放"观赏型到"精细"体验游乐型的转变带来了机遇。

(4) Threat 威胁　在油菜花旅游特质趋同的背景下,"粗放简陋庸俗"的观花旅游已经不具备更高的吸引力,满足不了市场需求。如何转型"新型体验式旅游观花"是面临的挑战;以油菜花为主线,发展多种类型的乡村旅游,在油菜花花期短的限制条件下,如何整合多元农业资源,延长乡村旅游期限是当前面临的挑战。

15.1.3 客群来源分析

旅游的主体是游客,只有对客源分析研究,才能更科学合理地进行景区规划。从区域旅游角度对游客来源进行划分,可分为三大类:本地及周边游客、国内游客和国际游客。分别对三类区域游客进行旅游意愿和活动喜好分析,将作为下一步景区规划研究的重要参考(如图3-84)。

图 3-84 油菜花旅游区客群来源分析

15.2 相关案例研究

15.2.1 案例一：美国 Fresno 农业区

案例概述：

Fresno 农业旅游区由农业生产区及休闲观光农业景点构成。区内有美国重要的葡萄种植园及产业基地，以及广受都市家庭欢迎的赏花径、水果集市、薰衣草种植园等。

案例分析：

（1）Fresno 农业旅游区经验模式：依托资源特征发展休闲农业、综合服务于生态度假。

（2）Fresno 农业旅游区总体结构：综合"服务镇＋农业特色镇＋主题游线"的立体架构。

（3）Fresno 农业旅游区旅游特色：综合服务镇交通区位优势突出，商业配套完善；农业特色镇打造优势农业的规模化种植平台，产旅相互促进；重要景点类型全面，功能各有侧重；景观串联主题游线盘活重点项目，全年皆有景有活动。

借鉴之处：

（1）休闲农业做足体验性：花果苗木的赏、玩、食趣味性开发及体验性销售。

（2）把握重点人群需求：针对青少年家庭市场做足农业体验，针对团队游客做好观光线路及购物设施，针对会议人群做强硬件设施与配套娱乐。

（3）通过游线、节庆整合区域内的旅游资源；通过赏花品果等主题线路串联重点旅游项目，形成集聚优势，通过丰富的节庆活动提升品牌影响力。

15.2.2 案例二：印度尼西亚巴厘岛乌布镇

案例概述：

印度尼西亚巴厘岛乌布镇以宁静的田园风光与无处不在的艺术气息而闻名。乌布镇坐落在四周茂密的热带雨林中，周围的原生态自然环境保护良好，更有如阿勇河此类的河流经过，为探险徒步增加了很多乐趣。

案例分析：

乌布人不单创造了梯田，还用双手创造了丰富的手工艺术品，爱好艺术的旅行者在这里可以尽情地得到感官的满足。走在街巷中，这里家家户户的住处，都会修建家庭庙宇。此外，酒店、美术馆、学校等，还有一些重要的道路旁、路口的交叉处等，都会精心雕琢。在乌布小镇能感受到巴厘岛传统的生活气息，这是一种与世无争的祥和氛围。当地勤奋的人们以双手创造了奇迹，在密林中开垦出梯田，之后又以造化之手雕刻出艺术品，传承了数百年以来的文化与艺术底蕴。

借鉴之处：

丰富的多元化艺术资源，让这个乡镇拥有"艺术村"的美誉。乌布已成为巴厘岛当地最著名的旅游胜地，这片充满了田园气息的乡村在艺术的渲染下显得更为生动迷人。

15.3 总体规划设计

15.3.1 设计理念

（1）规划目标

把控总体用地，达到合理分区，以线串点，以重点打造完整核心区域为目标。丰富旅游功能，以构建完整的油菜花旅游体系为目标。提升交通体系，规划合理的旅游线路，以提供舒适顺畅的游览体验为目标。完善配套服务，满足旅游接待、停车、观景、餐饮购物等综合需求为目标。

（2）设计愿景

打造潼南乡村旅游发展价值纽带，构建重庆生态休闲花海旅游长廊，实现以花景观为基础，带动产业发展，全面升级乡村旅游。

花为基础：借助油菜花这个旅游吸引物融合不同品类的花，打造不同规模的花海、花带，打造"金色基底"，以此为基础串联观光旅游链条。

带动产业：发展生态花海长廊，融合乡村产业，形成全面的乡村旅游格局。如举办油菜花节，形成以观赏油菜花、蔬果采摘为主的农业景观游，拉动周边文化古迹的人气。大力发展农耕体验游、乡村生活体验游、长江休闲娱乐游、花卉欣赏和果园风情游等。油菜除了用作榨取食用油和饲料之外，在食品工业中还可以制作人造奶油、人造蛋白。此外，还在冶金、机械、橡胶、化工、油漆、纺织、制皂、造纸、皮革和医药等方面有广泛的用途和重要的经济价值。

全面升级：从单一的农副产品向高附加值的旅游产品升级；从单一的产业链向规模化的产业带升级；从单一的赏花旅游到乡村综合性的旅游升级；从单一的粗放式乡村旅游向精细化的高端旅游升级。

（3）设计主题

"金色大地＋最美乡村＋多板块"组合一体化旅游理念。

15.3.2 规划策略

根据景观资源现状、区位特点、市场发展和整体规划目标，提出三大问题，如何在有限资源下有效推动景区升级；如何平衡淡旺季，使景区持续运营发展；如何建构景区形象，创造市场竞争力。为此，有针对性地给出以下三条解决策略：

（1）如何在资源有限的情况下有效推动景区升级。

加强对外连接道路体系与改善道路，新建综合多功能游客服务中心，完善安全配套设施，建立标准步道体系，串联景点强化旅游环线。综合现有旅游资源，形成以点带面的旅游格局，挖掘和提炼油菜花基地乡村特色，逐步提升油菜花的综合旅游潜力。打造星级厕所，强化景区卫生清扫工作；设立特色民宿和餐厅，体现农家特色，打造多样特色纪念品产售中心与农产品生产示范区。

（2）如何平衡淡旺季，使景区持续运营发展。

以金色大地为主题，打造多功能复合景区，吸引多样客群流入，分散客源来访时间，以达到平衡油菜花淡旺季的问题。针对不同客群偏好开展系统性活动，延长游客的停留时间，建立不同体验游线和特色活动，增加游客的回访率。融合周边乡村资源，提供丰富四季的体验，对抗淡旺季的市场变化。

（3）如何建构景区形象，创造市场竞争力。

与区域现有乡村旅游景点取得互动，形成多点旅游格局，成为体验潼南油菜花风情的乡村农业旅游新景点。通过事件营销与区域旅游联动的手法，提高项目的标识性、能见度与知名度。打造标志性建筑构筑物，以大地艺术图案等设计方式，融合川渝特色，构建潼南油菜花景区新兴名片。企业品牌与企业资源注入景区，与景区形成商业联动发展。

15.3.3 规划布局

项目占地面积约1637公顷，核心节点总体面积85.2公顷，环线长度12.7千米，全区策划5个景观节点，分别为金色门户区、魔幻之眼区、水映桃园区、大地畅想区和丝路飘海区。打造集观光、游乐、科普教育于一体的新农业观光体（如图3-85，图3-86）。

（1）**金色门户区** 游客服务中心提供多种服务功能。包括咨询服务、导游服务，购物休闲、旅游集散等，并包含停车场，可停放私家车200辆，大巴车15辆，占地6.3公顷。

（2）**魔幻之眼区** 该区是项目地的第一个景观节点，位于项目中部，该区域视线广阔，花田集中，设计采用架空木栈道游走于花海之中，占地6.5公顷。

（3）**水映桃园区** 该区位于项目北部，占地11.9公顷。此地区高差大，可远眺最美乡村景观，右侧沿湖打造观光栈道，欣赏桃园倒影。水边的大广场可用于举办最美油菜花开幕式。

（4）**大地畅想区** 风车婚庆区域为婚纱摄影提供了最佳地点，还可展开异国风车展，融入了多国元素，能让游客体验到异国风情。稻田艺术景观不受季节限制，可利用各色稻田将城固的文化，如川渝文化元素融入稻田艺术创作中，成为核心区的名片，占地 6.7 公顷。

（5）**丝路飘海区** 该区沿途种植景观花树，与油菜花组合景观交相辉映，占地 18.9 公顷。

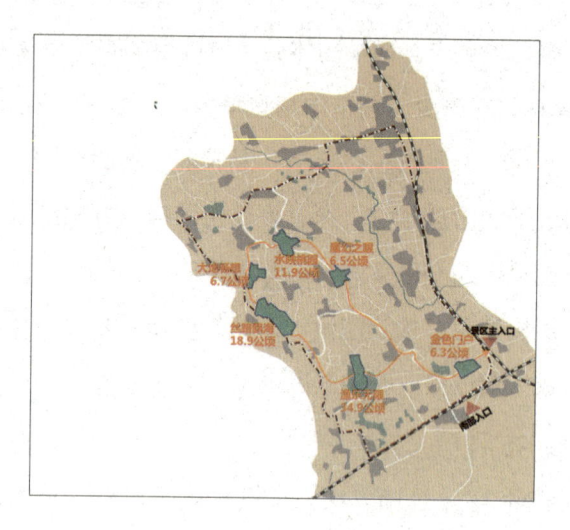

图 3-85 规划主题分区设计图

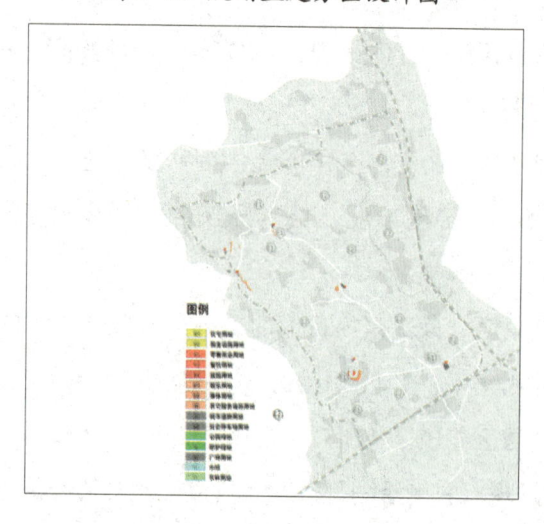

图 3-86 土地利用规划设计图

为满足游客的多种体验与观光需求，按主题分为 5 个观光景区。本次规划根据景区建设需要，共需停车场、游客中心、餐饮、民宿酒店、康体娱乐以及管理等配套设施用地约 5.8 公顷。

15.4 核心区主要节点设计

15.4.1 金色门户区

该区作为金色花海的起始站，位于项目地的南部位置，占地 6.3 公顷，配有综合接待服务中心、停车场、观光车始发站等，主要承担形象展示、接待集散、休闲餐饮购物的功能（如图 3-87，图 3-88）。

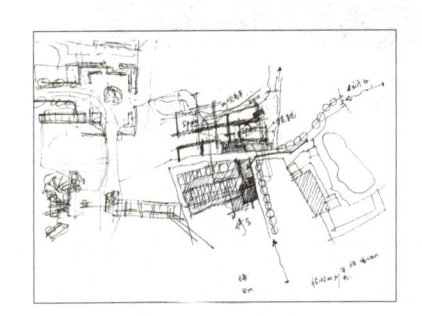

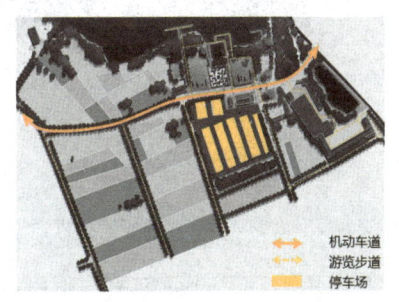

图 3-87 金色门户区设计草图

图 3-88 金色门户区平面设计图

在设计过程中，考虑到门户区位于高地，在湖边设计滨水栈道，便于游客游览取景。环线长度约400米，设计大型车位15个，常规车位200余个，服务配套建筑等面积约2509平方米（如图3-89）。

图3-89 金色门户区入口景观设计效果图

15.4.2 魔幻之眼区

该区域是游览区的首个景观节点，位于项目中部信号塔区域。该节点视线广阔，花田集中，设计采用架空木栈道，游走于花海之中。主体物构思主题为魔幻之眼，造型为曲线式起伏环形木质构筑物，距离地面4米左右；由环形木栈道出入，游客在其中的观景效果较好，奇异的造型可作为油菜花观景区的标志性游览构筑物（如图3-90，图3-91）。

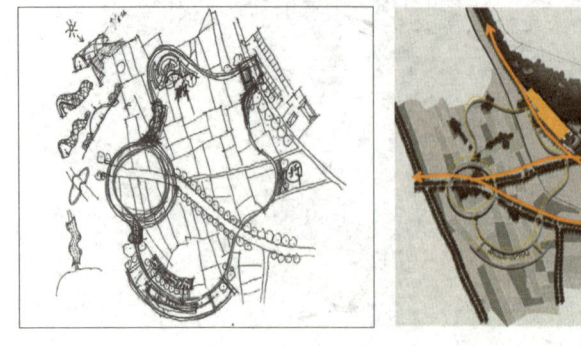

图3-90 魔幻之眼景观平台设计草图

图 3-91 魔幻之眼景观平台平面设计图

该区是项目地的第一个景观节点，位于项目中部，占地 6.5 公顷。游览活动主体为魔幻之眼（环形观景构筑物）和魔幻迷宫两部分。由架空木栈道环线串联，游客可以体验不同角度、不同方式的油菜花景观。环线长度约 600 米，规划车位 50 个，配套服务建筑面积约 60 平方米（如图 3-92）。

图 3-92 魔幻之眼景观平台景观设计效果图

15.4.3 水映桃园区

图 3-93 水映桃园区设计草图

该区位于项目北部，占地 11.9 公顷。右侧沿湖打造观光栈道，特色游览观光塔，环湖水上游乐和欣赏桃园倒影等。在此可以举办开幕式活动（如图 3-93，图 3-94）。

图 3-94 水映桃园区平面设计图

该区位地形高差较大，可远眺最美乡村景观，木质构成特色观景构筑物，可观赏不同方向的景色，水上可提供如水上自行车、悠悠球划船垂钓等水上项目、湿地游览以及科普教育等活动。水边的大广场可用于举办最美乡村、醉美桃园开幕式。环线长度约1千米，规划车位50个，配套建筑等面积约240平方米（如图3-95）。

图3-95 水映桃园区景观设计效果图

15.4.4 大地畅想区

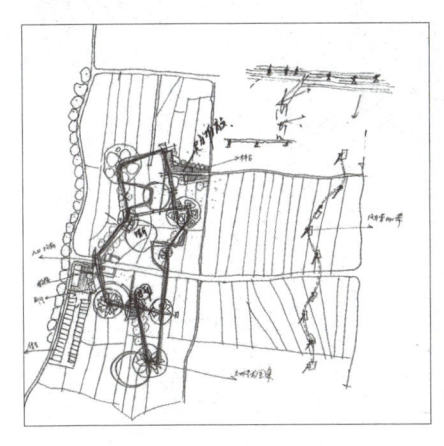

图3-96 大地畅想区设计草图

该区域因地形关系景观条件优越，利用仰视观景的自然条件，在高处设置一带风车营地，远处观景，近处体验。同时设计不同形式的农业图案景观，如稻田艺术景观不受季节限制，可利用各色稻田将潼南特色文化——太极系列文化元素融入稻田艺术创作中，成为油菜花核心区的特色大地文化名片。规整道路两边植被，种植景观花树，在稻田中设计步行木栈道，供游客在油菜花中观光。稻草艺术与油菜花交相打造特色景观（如图3-96，图3-97）。

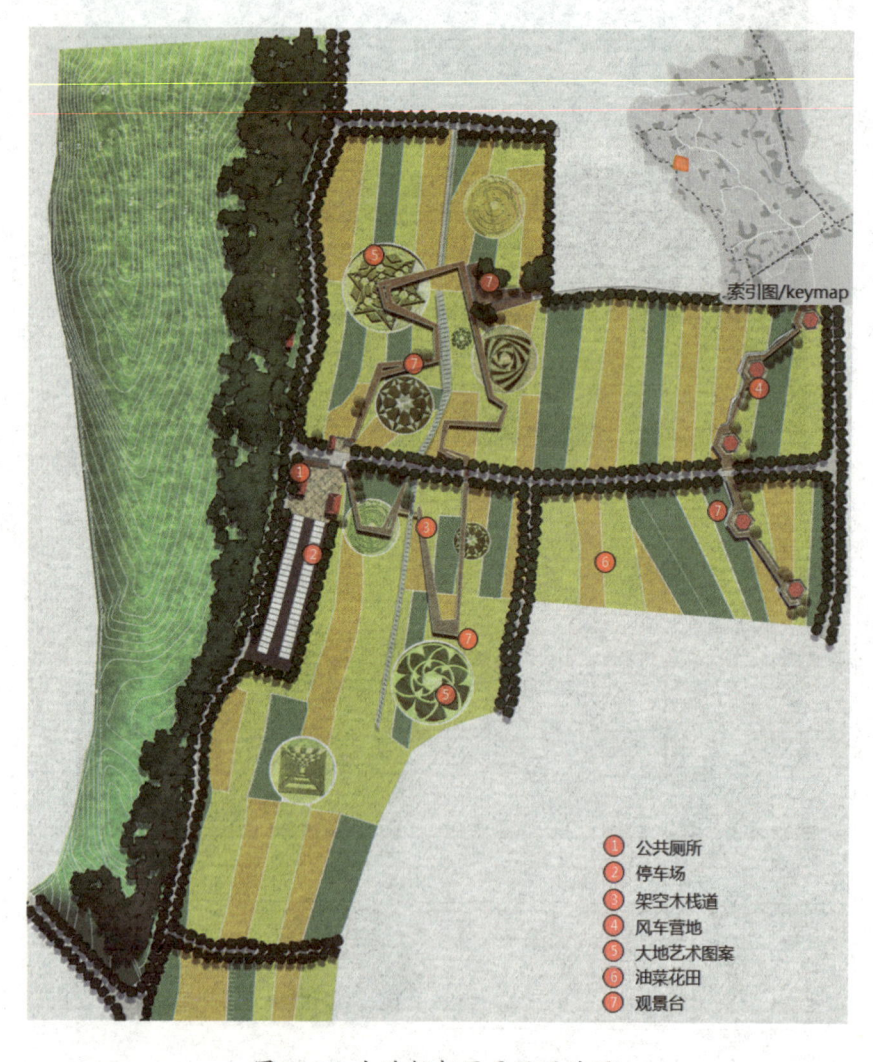

图3-97 大地畅想区平面设计图

该区位于项目北部，占地 6.7 公顷。该地区视野辽阔，适合打造大地艺术，创作稻田艺术，规划设计为风车营地，同时为婚纱摄影提供基地。环线长度约 1 千米，规划车位 50 个，配套建筑等面积约 107 平方米（如图 3-98）。

图 3-98 大地畅想区景观设计效果图

15.4.5 丝路飘海区

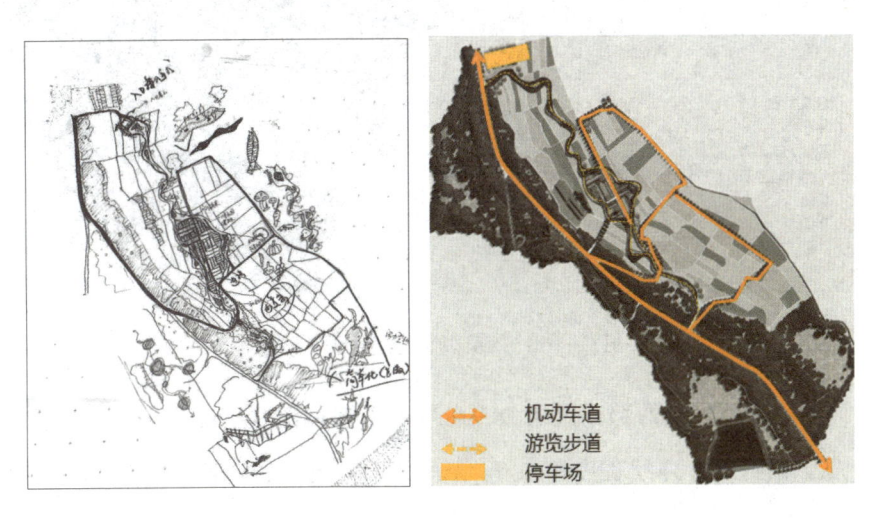

图 3-99 丝路飘海区设计草图

该节点构思来源丝路花海，以丝绸曲线蜿蜒式构成为设计要素，规划一条红色的曲线木栈道、结合钢材、竹材等材质，跨越油菜花田形成独特醒目的景观，同时可进行温室蔬果的培育及采摘，儿童活动游乐等供游客体验乡土生活的活动（如图3-99，图3-100）。

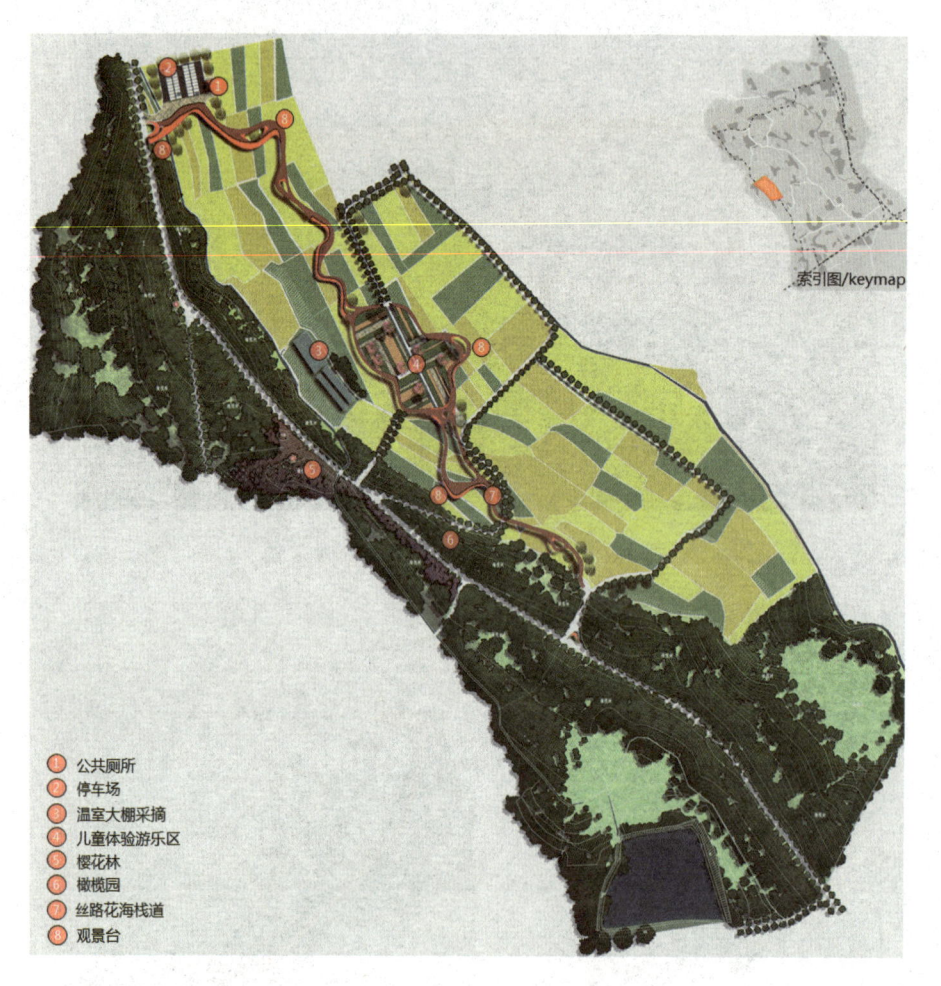

① 公共厕所
② 停车场
③ 温室大棚采摘
④ 儿童体验游乐区
⑤ 樱花林
⑥ 橄榄园
⑦ 丝路花海栈道
⑧ 观景台

图3-100 丝路飘海区平面设计图

该区位于项目中西部，占地18.9公顷。沿途种植有景观花卉，与油菜花组合景观交相辉映。环线长度约700米，规划车位50个，配套建筑等面积约为154平方米（如图3-101）。

图 3-101 丝路飘海区景观设计效果图

15.5 专项设计

15.5.1 公共服务配套设施分布

基地各个区域都设有厕所、售卖点、酒店、主题餐饮等公共设施，公共设备配套齐全。其中，厕所分区设置，全区约设置 6 个。基地设有小品雕塑，自行车租赁及公共饮用水等基础设施，相应的基础设施配套齐全（如图 3-102，图 3-103）。

图 3-102 服务配套设施分布设计图　　图 3-103 基础设施分布设计图

15.5.2 导视系统分布

基地各个主体区域都设有相应的导视标志，如区域索引、方向指引、警示等，使来往的游客能快速到达目的地。以简洁自然的设计手法，让这些导视牌很好地融入环境，使其与自然融为一体（如图3-104）。

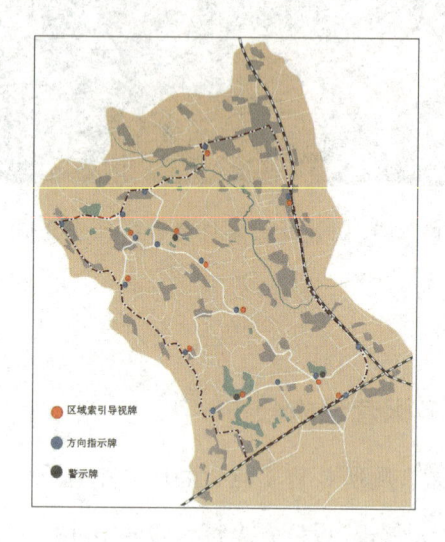

图 3-104 导视系统分布设计图

在专项设计中，对导览系统进行多方案设计，运用木材、石材、金属和其他综合材料，设计出不同样式的方案，从中选择最优设计运用到重要的节点中，形成系统化的整体设计（如图3-105，图3-106，图3-107）。

图 3-105 导览标识牌设计方案（1）

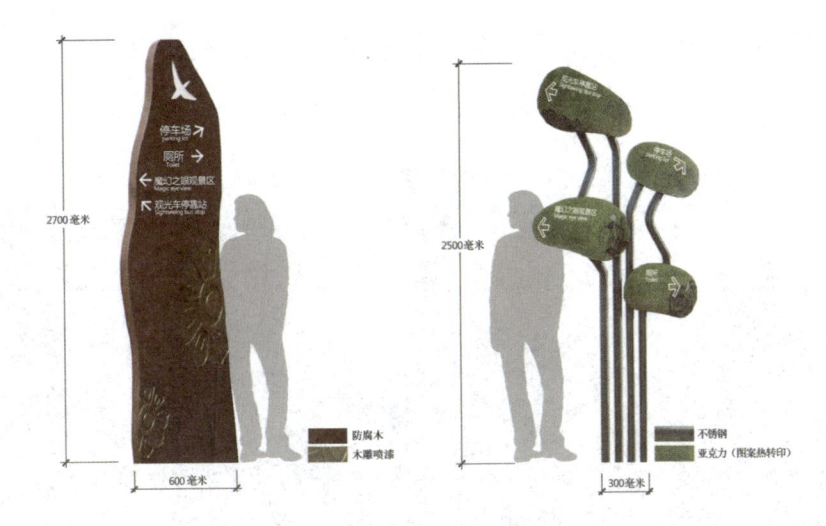

图 3-106 导览标识牌设计方案（2）

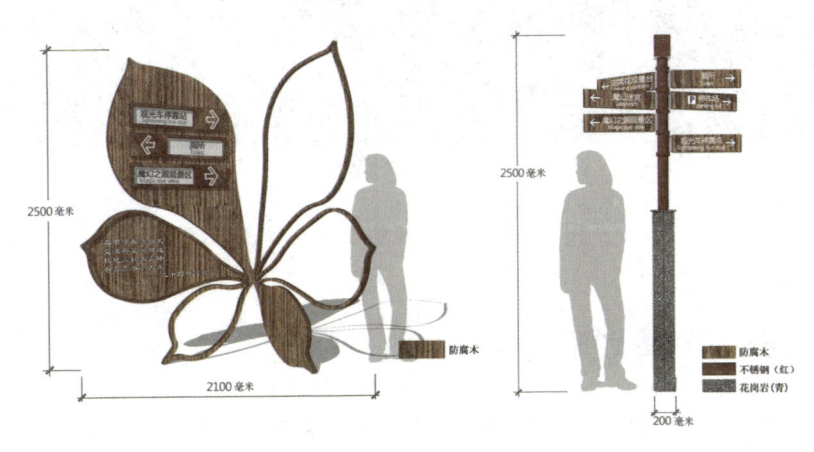

图 3-107 导览标识牌设计方案（3）

15.5.3 植物设计

在植物专项设计上，除了油菜花等经济农作物作为植物主体，还根据各节点设计需要，增加一些景观树种，形成丰富的植物景观层次。植物景观设计时，树形、色彩、线条、质地及比例都要有一定的差异和变化，显示多样性，但又要使它们之间保持一定的相似性，形成统一感。这样既生动活泼，又和谐统一。变化太多，整体会显得杂乱无章，甚至一些局部都感到支离破碎，失去美感。

过于繁杂的色彩会引得人心烦意乱，无所适从。但平铺直叙，又会显得单调呆板，因此植物设计中要在统一中求变化，在变化中求统一（如图3-108）。

图3-108 部分植物设计意向图

15.6 运营策划研究

为了延长油菜花景观旅游时间，在规划时会进行四季旅游节庆统筹策划，形成以油菜花观光旅游为主体，融合多类型乡村旅游共同发展的新格局。春季旅游活动如油菜花节、桃花摄影大赛、草莓采摘、书画展、樱花绘画大赛、花灯巡游和新年民俗体验等。夏季旅游活动如帐篷音乐晚会、赏荷采藕体验、蔬果采摘、露天电影展、文艺展演、亲子游乐体验和亲子文艺表演等。秋季旅游活动如稻田自行车比赛、稻田音乐会、集体婚礼、秋季收割大会、稻草艺术大赛、露天烧烤派对和马拉松比赛等。冬季旅游活动如农耕体验、拔萝卜大赛、乡村特色美食展、美食厨艺大赛和欢乐田园节等。

旅游发展是一个分步骤、分阶段的可持续发展过程，系统的工程需要按照"循序渐进、滚动发展、系统推进"的原则和开发的难易程度，确定不同时期的重点工程项目（如图3-109）。

招商类型	适配产品项目	盈利方式	招商理念	招选对象	开发模式
旅游吸引力项目	整体运作的旅游综合项目（主题体验项目）	门票收益；休闲消费收益；附加服务收益	大型运营商、整体运作、标准化管理	战略投资商、大型项目投资商	企业独立投资，政府与企业合资
旅游公益服务项目	旅游服务中心等服务节点	社会公益收益	政府投入、企业化运作	—	企业独立投资
	旅游巴士专线、电瓶车、自行车等交通设施	票务收益、餐饮等	经营权有限出让	旅游巴士公司、特色经营商	统一管理，出让经营权
旅游配套消费业态	主题酒店、主题休闲商业街、体验工坊等	购物餐饮等休闲消费收益；土地溢价收益	选择具有消费商业运营经验的投资商加盟，复合型业态	金融投资商，独立开放商，主力经营商，特色经营商	出让经营权，独立投资
旅游相关产业项目	旅游度假项目、生态休闲农业、休闲宜居产业等	产品销售收益；产业消费收益；产权出售；土地入股	延伸产业链，通过旅游实现产业转型升级	战略投资商，大型项目投资商，金融投资商	企业独立投资，政府与企业合资

图 3-109 开发实施建议图

在开发实施方面，努力提升规划区的既有品质，不断优化规划区人才配置，根据具体情况及时调整、改进、完善规划区各种管理制度，形成成熟的企业文化，良好的企业氛围。在资源的利用方面，根据市场需求和市场变化，及时调整规划区的产业项目，并适时地调整市场方向，确定主攻市场。提升市场开拓能力，巩固原有市场，开拓潜在市场。优化市场运营，增强市场竞争力，使规划区成为重庆乡村旅游的知名品牌，并为未来的进一步发展打下坚实的基础。

16 乡村旅游公园类——重庆市巴南区界石乡村旅游公园景观规划设计研究

16.1 项目规划设计

16.1.1 规划设计策略

本项目位于重庆市巴南区界石数码产业园区域，设计目的是提升乡村景观园区形象，扩大区域乡村旅游辐射影响力，为当地居民及游客打造一个郊野型的生态旅游公园，让人们可以探索乡村旅游的乐趣，在郊野环境中娱乐休闲、参与活动、放松身心、互动交流等。设计愿景是顺应乡村自然，因地制宜，用生态策略规划场地，让游客参与到人与自然的循环，"人—自然—生态"共同编织的一张绿色网络，打造充满绿意的乡村旅游"净土"。景观主题是"心为境动，身心之所向往的绿色净土"，并加入园区现代数码元素，研究如何把现代科技与自然生态运用到乡村旅游公园规划中。景观构想从"生态、活力、形象"出发，具体从以下三个方面进行设计策略研究：

（1）打造"城市绿色心肺"策略

城市近郊乡村区域完整的绿色生态系统，是维系城市环境的"绿色之肺"，其中的设计重点是湿地部分。湿地为净化水质与提供生态栖息地而达成生物多样性的重要景观措施，于本项目进行人工湿地的抚育来净化北面进来的水系统，并于保留现有景观地形的架构之下，进行生态栖息空间的设计。河道断面进行高低层的剖面设计，以达成调节水体于干湿季变化的功能。在公园低洼地区建设雨水花园，以提供洪水滞留的空间。适度增加景观跌水、水景喷泉、增加水中溶氧量，并加强湿地植物的抚育与生态岛的建设，同时净化水质并创造栖息地。

（2）轻干预环境策略

基地自然田园景观与丘陵地景丰富，拥有多样的动植物生态体系。设计层面希望在合适的区域尽量保留现有地景与生态体系，并在景观与生态空间的再造之下，加强并更丰富生态栖息地的多样性，如增加动植物种类等。"轻干预"设计策略并非"无为"设计，适当的人工干预可提升生态公园的参与性和游览性，为净化湿地，保育林地，动物栖息创造条件。

（3）可持续性景观发展策略

生态基底的可持续发展，联动公园自身的商业运营新模式，合理的分期开发，创造持续发展永续动力。设计中利用节能环保的新技术，遵照生态型植栽原则以及立体绿化的大力推广，打造真正低碳的可持续发展型景观。

在可持续性景观发展"低碳设计"过程中，必须要考虑以下九个方面的问题：经济，经济可行性以及生命周期分析；承载力，现有资源的承载能力；能源，碳排放的重点部分，包括整体的能源体系规划以及具体的能源利用类型都会影响碳足迹；材料及废弃物，循环利用减少重复生产的能源消耗；水资源，通过对雨水的地面处理以及非传统水资源的利用，减少管网建设及其带来的碳排放；土地利用，通过混合使用减少出行及相关的交通排放；当地资源，尽量根据当地条件进行规划；管理，制定管理维护计划，鼓励社区参与；交通，通过规划实现低碳的交通方式构建。

通过分析场地现状、内外环境、开发投资等因素，进行设计机遇与挑战分析。

设计机遇：小投入，大效果，项目面积较大，势必会带来较大的资金投入，如何通过有限资金的科学分配使用，通过设计使投资的公园产出最大价值。串联城市，项目只有西侧接居住区，南北侧与工业用地相邻，如何提升公园人气，并让公园的功能渗透入城市中。合理利用与保护，如何有效利用生态林地自身丰富的林地资源，使其更好地惠及城市居民；同时如何在设计中保护原有林地，使其场地不被破坏。可持续性，大规模的绿地面积建设势必带来高额维护费用，如何通过设计，减少公园维护，提高公园的生命力。

设计挑战：园区人口密度大，公园的可利用性高，具有较强的可开发性、可达性。随着城市建设经验的积累，我们有较好的设计理念和方法可以借鉴。

整个园区公共绿地稀缺，公园的落成，有助于推动整个园区的发展进程，提升园区的形象。随着核心区城市发展问题的出现，公园、生态林地作为调节城市与人的重要载体，将会发挥积极的作用。

16.1.2 规划分区

场地规划分为西入口及梯田区域、生态湿地区域、运动休闲区、游览步道区、景观塔区、跑马场区等。

西入口及梯田区域增加入口标志，以加强入口形象，增加入口雕塑的趣味性，将农田景观改为花田景观，加强灯光效果；生态湿地区域将农田景观改为花田景观，并根据场地现状地形进行方案深化设计；运动体验区域增加服务用房与体育设施，将入口形象面朝向市政道路正南面；景观塔区域落实景观塔的高度，保证顶层能俯瞰工业园，起到园区标识性作用，构建塔与周围环境的关系，使其与地形更好地融合；游览步道区域调整板材加工厂一侧公园漫步道，将其北移，取消板材加工厂处与公园直接连接的游步道，根据场地现状进行方案深化设计，尽量减少挖填方量；跑马场地区域预留跑马场地，并提出场地建议，缩小该场地内观光农场的面积（如图3-110）。

图3-110 景观内容规划分区设计图

16.1.3 总体规划布局

图 3-111 初始设计方案平面图

图 3-112 最终设计方案平面图

在初始设计方案基础上（如图3-111），根据活动要求、地形高差和节点功能等进行方案优化（如图3-112）。规划设计面积约424049平方米，绿化面积约394271平方米，硬质面积约24520平方米，水体面积约4758平方米，建筑占地面积约500平方米，绿化覆盖率达93%。

规划"三区、四带、一环线"，即森林木屋度假酒店区、悠享生态马场区、艺术创想动步区、梯田梦幻山谷带、山顶花海畅游带、企业抚育公益林带、边界保育自然林带（如图3-113）。对梯田、湿地、花田、菜田、草坪等绿地要素进行规划重组（如图3-114）。

图3-113 场地规划布局"三区、四带、一环线"

图3-114 场地规划绿地要素

16.1.4 旅游园路规划设计

场地总体道路规划主要环线（车行）道路总长 2870 米，停车位数量约 150 个，道路坡度范围在 0.67% ~ 13.45%（如图 3-115）。

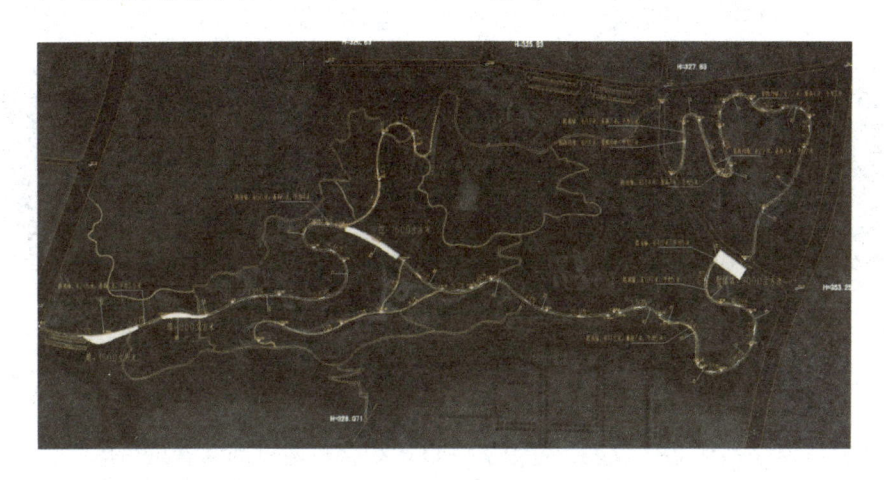

图 3-115 场地总体道路规划

主园路规划设计上，主要遵循规范，科学人性，满足车行道标准。其次在道路视线、空间串联上也进行了分析研究，力求驾驶者及行人都充分享受公园自然环境。另外，出于人性化的考虑，分段在坡道转弯处设置提示铭牌，确保行车安全（如图 3-116，图 3-117）。

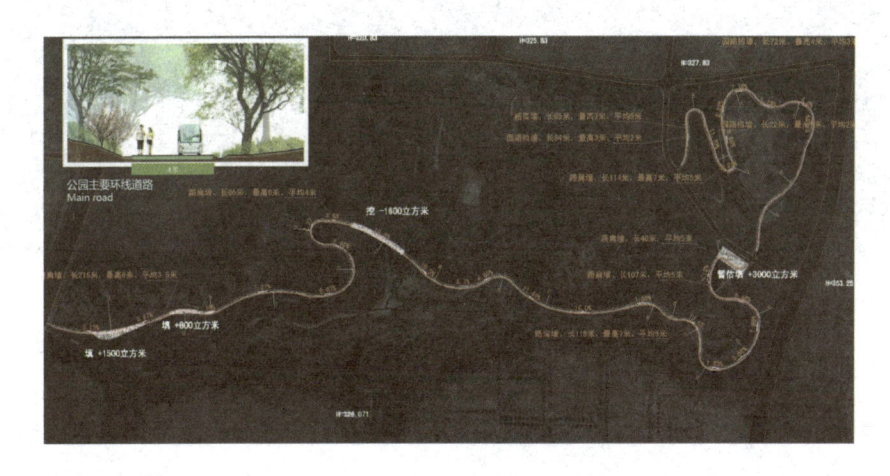

图 3-116 主园路平面设计图

图 3-117 道路等级设计图

整体道路地形起伏较大，弯道多，设计结合前两点问题着重考虑与公园空间的结合，不仅在高程衔接上，也在重要视线空间上结合考虑，相辅相成，从而带给游人不同的空间感受（如图 3-118）。

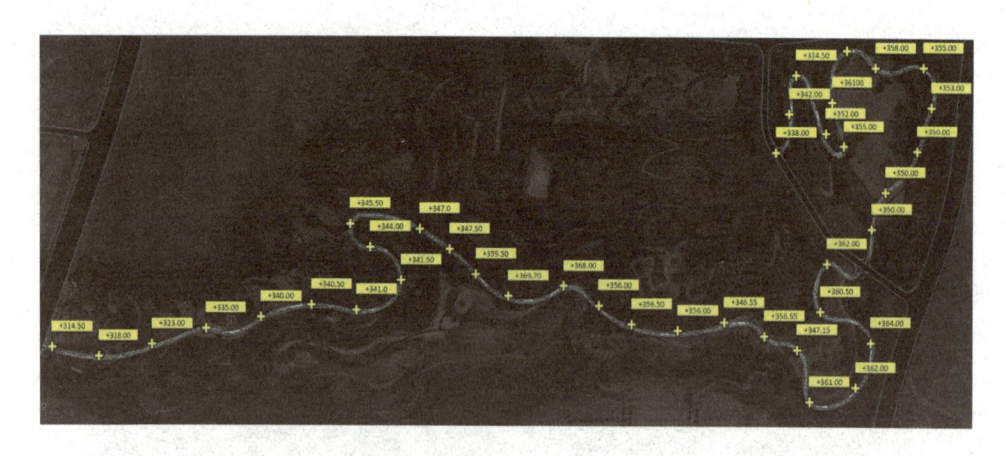

图 3-118 主园路高程平面设计图

项目总共有四处挖填方位置，固设有四处自然毛石挡墙，预估计总长450米，每段约100米。预估挖填方位置共四处，预估总挖方1600立方米，填方5300立方米。

次园路设计区别于主园路，除了尺度更宜人之外，将路径与自然空间相结合，"曲、远、空、奥、透"，追求曲径通幽，苍木掩映的自然体验质感。次游步道一来遵循地形，二来选择时尽可能科学，曲折绵延，使得游客从不同角度观景，步移景异。道路可用50毫米厚砾石铺装混合沙，石灰（粒径8～15毫米）150毫米透水混凝土，当地自然侧石收边（如图3-119）。

图3-119 次园路平面设计图

16.2 项目分区规划与设计细节

16.2.1 花田梦幻山谷带

花田梦幻山谷带包含了数码广场、数码草丘、迎客大草坪、深思雕塑、湖边餐厅、金色池塘、万海花田、禅谷溪水、健身跑步道、生态停车场、保育林带等节点。场地硬质材料运用浅色透水混凝土、深色透水混凝土、彩色透水混凝土、植草砖、户外防腐木等（如图3-120，图3-121，图3-122，图3-123，图3-124，图3-125，图3-126，图3-127，图3-128，图3-129，图3-130）。

图 3-120 花田梦幻山谷带景观平面设计图

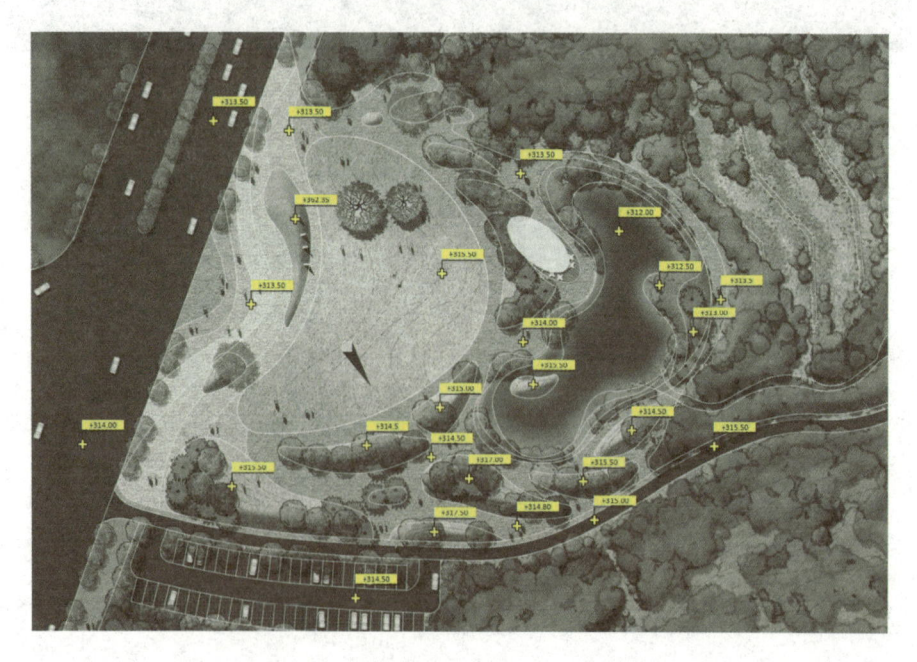

图 3-121 花田梦幻山谷带场地竖向设计

图 3-122 西入口景观设计效果图

图 3-123 西入口 LOGO 墙景观设计效果图

图 3-124 西入口 LOGO 墙夜景设计效果图

图 3-125 西入口游客服务中心景观设计效果图

图 3-126 西入口湿地景观设计效果图

图 3-127 西入口大草坪景观设计效果图

图 3-128 山谷花田农业观光艺术景观设计效果图

图 3-129 景观服务性建筑立面设计图

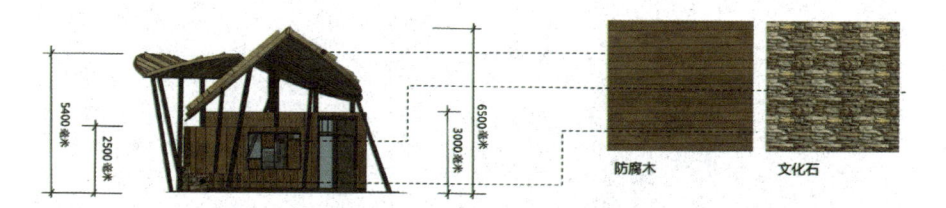

图 3-130 景观服务性建筑材料构成图

16.2.2 雨水湿地花园

雨水湿地花园包含了万海花田、湿地花园、戏水栈桥、湿地水泡、景观凉架、草坪梯台、健身跑步道、森林之窗等节点。雨水湿地花园硬质材料运用涵盖了素色透水混凝土、彩色透水混凝土、户外防腐木、乡村自然石材等（如图3-131，3-132，图3-133，图3-134，图3-135，图3-136）。

图3-131 雨水湿地花园景观平面设计图

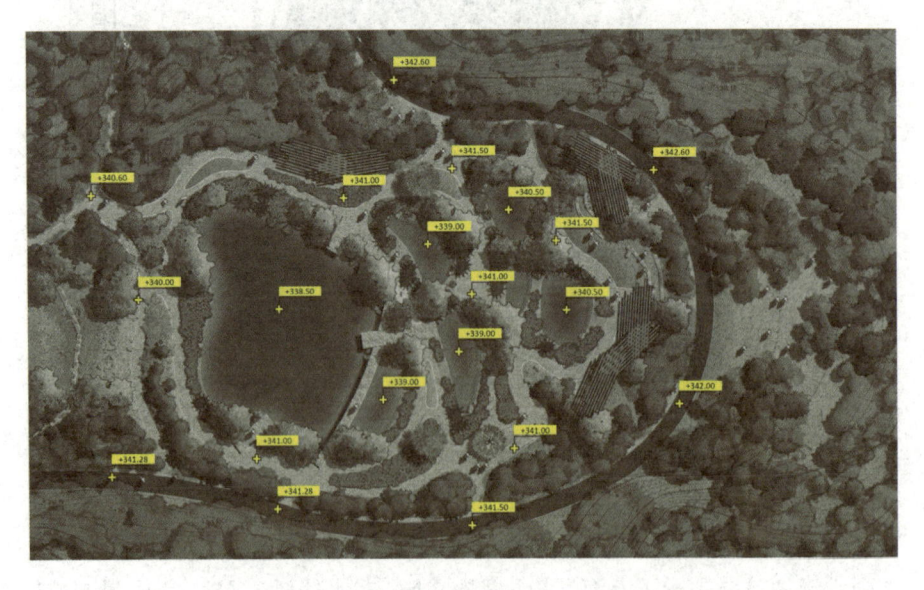

图3-132 雨水湿地花园场地竖向设计图

图 3-133 雨水花园湿地景观设计效果图

图 3-134 雨水花园池塘景观设计效果图

图 3-135 雨水花园景观廊架立面设计图

图 3-136 雨水花园景观廊架材料结构图

16.2.3 山顶花海畅游带

山顶花海畅游带包含了四季花毯、艺术地景、云塔览胜、帐篷营地、登山云梯、野岭探奇、天空花园、森林之窗等节点（如图 3-137，图 3-138，图 3-139，图 3-140，图 3-141，图 3-142）。

图 3-137 山顶花海畅游带景观平面设计图

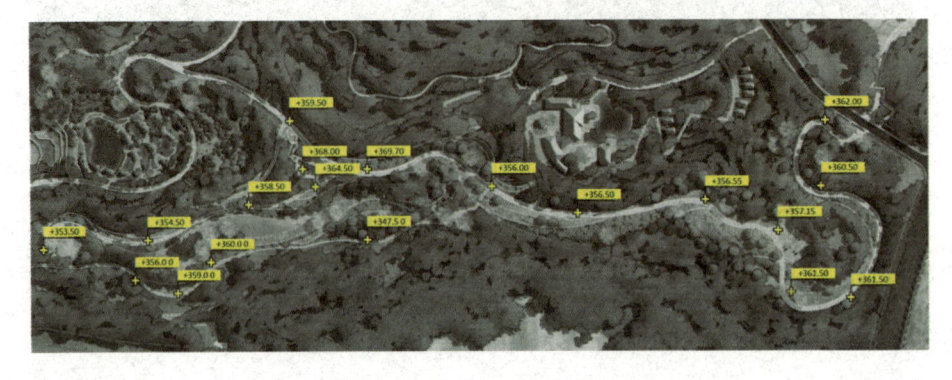

图 3-138 山顶花海畅游带场地竖向设计图

图 3-139 山顶花田观光区景观设计效果图

图 3-140 山顶景观瞭望塔景观设计效果图

图 3-141 山顶景观瞭望塔夜景设计效果图

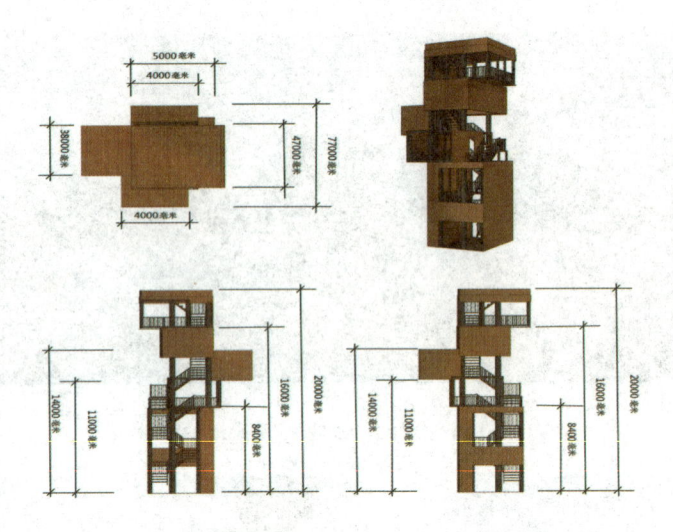

图 3-142 山顶景观瞭望塔尺寸与结构图

16.2.4 艺术创想动步区

艺术创想动步区包含了公园北入口、众享大草坪、儿童活动区、活动更衣室、户外运动场、野外拓展、网球场、乒乓球场、羽毛球场、篮球场、浪漫樱花林、停车场等节点（如图3-143，图3-144，图3-145，图3-146，图3-147，图3-148，图3-149，图3-150，图3-151，图3-152）。

图 3-143 艺术创想动步区景观平面设计图

图 3-144 艺术创想动步区场地竖向设计图

图 3-145 公园北入口鸟瞰景观设计效果图

图 3-146 公园北入口区景观设计效果图

图 3-147 公园北入口共享大草坪景观设计效果图

图 3-148 动步公园绿野跑道景观设计效果图

图 3-149 动步公园儿童活动区景观设计效果图

图 3-150 动步公园网球场景观设计效果图

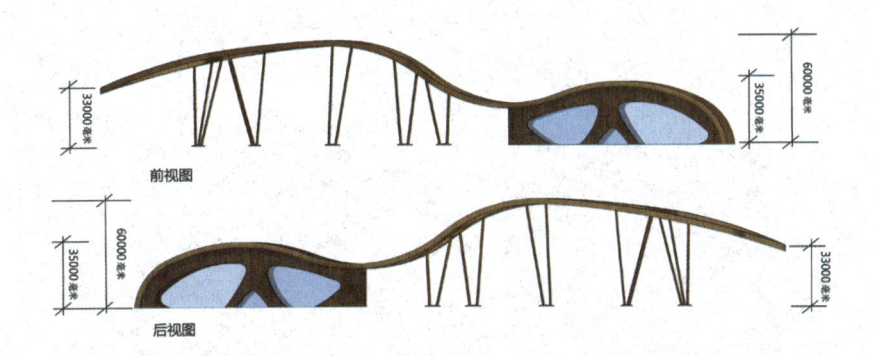

图 3-151 动步公园网球场创意构筑物尺寸结构图

图 3-152 动步公园篮球场景观设计效果图

16.3 专项设计

16.3.1 基础服务设施

园区内全方位设置了基础服务设施，为游客的休闲活动提供便利服务。直饮水站以 150 米为服务半径，设置约 12 个；自行车架以主要道路交叉口为节点，设置约 8 个；厕所以 500 米为服务半径，设置约 5 个；垃圾桶以 50~100 米为服务半径，设置约 30 个；食品售卖点以 500 米为服务半径，设置约 3 个；按每公顷不少于 60 位的标准合理设置座椅（如图 3-153）。

图 3-153 基础服务设施

16.3.2 夜景灯光设计

灯光设计遵循三个原则，即安全性原则、艺术性原则和标志性原则。在主要道路及夜间活动场地设置足够明度的照明灯具，保证场地夜间活动的安全性（如图 3-154）。根据重要节点的景观氛围打造艺术性的灯光设计，如在入口处打造现代感，在山顶花田坪服务点营造宁静温馨氛围等。最后，结合观景塔的高度，利用远射型灯光形成夜间地标性构筑（如图 3-155）。

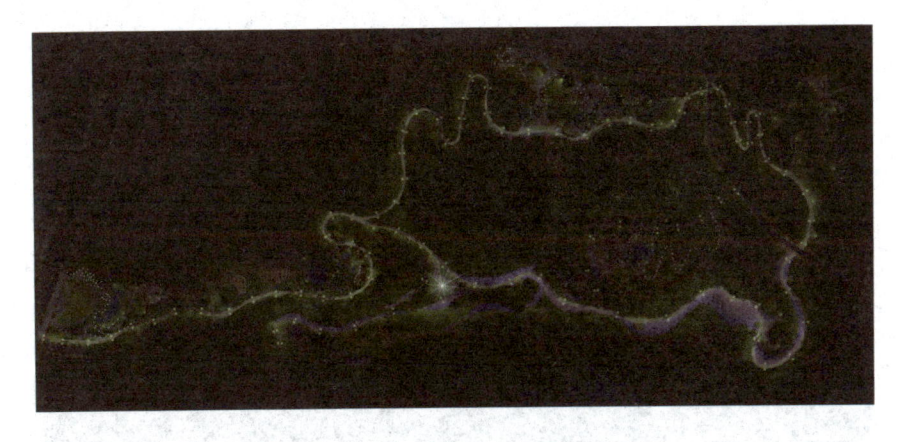

图 3-154 夜景灯光设计总图

图 3-155 山顶景观瞭望塔夜景

在夜景灯光设计上，从节能环保、安全稳定、便于施工维护和特色照明四个方面进行合理规划（如图 3-156）。

（1）节能环保：以环保为宗旨，尽可能用低耗的物质能源，如 LED 等。

（2）安全稳定：安全性稳定高，便于夜间活动。

（3）便于施工维护：造价低，维护成本低，易施工，易养护。

（4）特色照明：线条简洁，颜色低调，易融入周围环境，以提升夜景的照明效果。

图 3-156 公园北入口景观区

16.3.3 游览导视设计

游览导视设计用环保材料，对入口导视、信息牌、节点牌、公园户外小品等进行个性化形象定制（如图 3-157，图 3-158）。

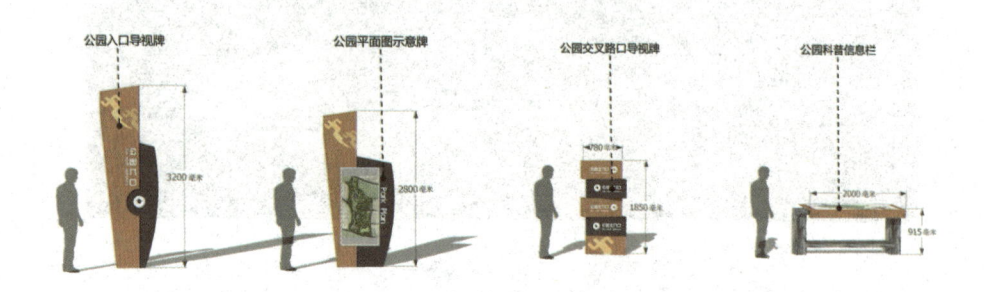

图 3-157 游览导视设计（1）　　图 3-158 游览导视设计（2）

16.3.4 植物生态设计

最小化地干预原始场地和植物，把措施和经济、精力投入到最能达到效果、最需要的部位和场地。"针灸"式种植方式重视基地的现况，并从中探索出场地所包含的主要生态系统。从上层规划者的角度去思考发展，从生态可持续和经济、管理可持续的角度出发，对需要改造和利用的部位进行"微调和升级设计",从而充分利用场地现状优势资源。

(1) 植被修复策略

界石数码森林公园基地内现存有大量价值的乔木,大部分分布在南北两面山腰处,其整体为常绿乔+灌混合林;山顶多为次生灌草丛;场地西侧与东侧各有一块水生植物生长较好的农田(如图3-159)。以调查的现有状况为依据,提出植被修复策略(如图3-160)。

图 3-159 现状植被

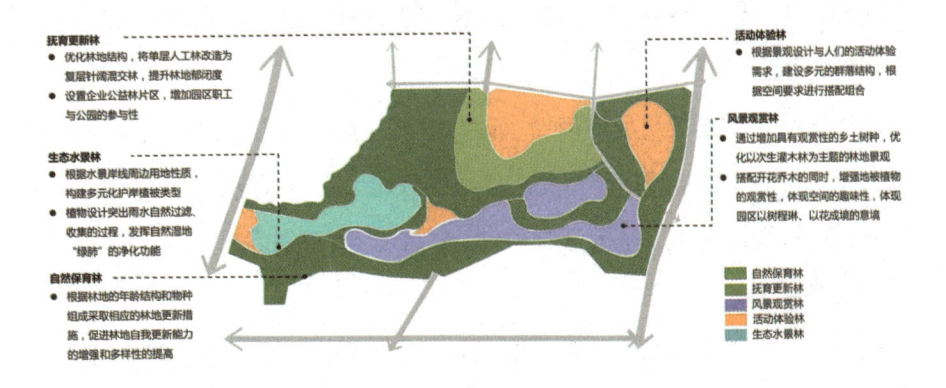

图 3-160 植物生态规划总图

乔木林带修复策略：

乔木林带主要分布在山体中部。从林相上看,植被起源为次生林中期。因此上层乔木较少，主要为中、下层乔木。缺少骨架树种，在设计中应增加上层乔木，使林带的林冠线更为丰富，同时促进次生林的竖向结构，使林带结构层次趋于成熟。

乔灌混交林修复策略：

乔灌混交林是现状乔木林的幼龄时期，在现状场地中呈现郁闭度较高与较低两种形态。对于郁闭度较高的区域进行梳理，使其在更好的基底环境中健康生长；对于郁闭度较低没有保留价值的区域进行改造重建，以丰富景观的多样性。

次生灌木林修复策略：

次生灌木林散布于场地四周，介于乔灌混交林边缘，主要呈现出错落有致与零散杂乱两种形态。保留错落有致且紧靠上层乔木郁闭度高的灌木林，使园区保留原真的同时更显生态；重塑零散杂乱且远离植被茂密的灌木林，使其与场地的设置相结合，丰富硬景的竖向空间。

梯田草地修复策略：

梯田草地主要在西面山谷中，山谷低处主要为水田，高处积水渐少，原有的水田已长满杂草。这部分绿地是雨水收集的主要区域，设计时保持场地的原真性，打造为公园"绿肺"——湿地，梳理的同时种植观赏花卉，丰富景观。

陡坡荒地修复策略：

陡坡荒地主要是处于场地南面，因产业园建址挖方形成。陡坡土壤裸露在外，没有任何的生态护坡措施，夏季暴雨期可能引起泥石流或滑坡现象。对此，应加强护坡植物的种植，主要选择根深、固土效果强的植物。

荒地修复策略：

荒地主要位于基地北面，由北面工业园越线开挖形成，造成场地荒芜。但北面荒地地势平坦，可用于场地活动设计。因此，在恢复中结合场地设计的活动项目，进行乔、灌、草的合理搭配，营造适宜游客活动的绿色空间。

山脊农田修复策略：

现状的农田主要分布在西面山脊平缓处，农田大小参差不齐，作物零散，仅有少部分种植当季农作物。利用现有农田肥沃的土地基底，种植色彩丰富的四季地被花卉，打造具有一定体量的野趣花卉世界，在满足游人对鲜花喜爱之情的同时，充分体验公园的定位——郊野型森林公园。

（2）林带结构设计策略

对于林带结构，从林相、林窗、林荫、林下、林冠和再生六个方面，提出设计策略。

林相：提升式设计

以山地制备为基础，用色叶树、开花树或花卉进行色彩添加或镶边处理，保持山林原味，增添观赏休闲趣味（如图3-161）。

基调树种：香樟、黑壳楠

骨干树种：水杉、银杏、栾树、枫香、朴树点

景树种：垂丝海棠、樱花、碧桃

林窗：打造式设计

用观赏性强、整齐度高的单一特色植物品种成块状种植，围合活动空间，形成观赏特色（如图3-162）。

基调树种：重阳木、香樟、小叶榕

骨干树种：栾树、广玉兰、红叶李、紫薇点

景树种：樱花、桂花

灌木地被：细叶结缕草、六月雪、夏鹃

图 3-161 林相空间营造设计图　　图 3-162 林窗空间营造设计图

林荫：整合式设计

林荫打造处场地自身有一定高度的植被，但其高度与季相较差，对其进行整合梳理，保留冠幅大、生长旺盛的植株，补植夏季树荫浓郁的阔叶乔木，提供广阔的林下游览空间（如图3-163）。

基调树种：香樟、黑壳楠、黄桷树

骨干树种：广玉兰、栾树、枫香点

景树种：垂丝海棠、碧桃

林下：体验式设计

重点打造林下空间区域,原生植被丰富,但结构单一。可对其林下进行清理，补植叶、花、果观赏性强的灌木，宿根花卉进行合理搭配，营造自然、富有色彩变化且适宜观赏、娱乐和身心保健功能的公园景观。林下空间为下层灌、草，为打造景观亮点，采用花卉、彩色灌木进行打造（如图3-164）。

灌木地被：美女樱、鼠尾草、葱兰、一串红、六月雪、万寿菊

图3-163 林荫空间设计图　　图3-164 林下空间设计图

林冠线：丰富式设计

现有植被林冠线单一，设计中以本土植物为主，自然随机地布局，使之随天际线呈现高低起伏的变化，尽量体现重庆美丽山水的原味景观，保持山林的本色。林相主要有上层乔木,体现植物与天际线的变化,设计上兼顾植物高低（如图3-165）。

基调树种：重阳木、水杉、香樟

骨干树种：栾树、朴树

再生：再利用式设计

充分利用现状地形植被的生长优势，保持原有植被的原真性，点植适宜现有场地生长的植物，以增强互动性与观赏性，且保留场地的记忆性，营造欢快、灵动、原生态的公园植物景观。现状植物的再利用结合场地的基底与设计要素，选用场地欠缺的植物进行提升设计（如图3-166）。

基调树种：香樟、天竺桂、朴树、枫香

点景树种：紫玉兰、桂花、垂丝海棠

图 3-165 林冠线设计图　　图 3-166 再利用设计图

植物设计还考虑到一年四季乡村景观的不断变化，根据季节特性提出季节性植物设计策略（如图3-167）。

春景：春暖花开，利用春季开花植物配植于主要活动场地，突显春天的温暖，同时提醒人们勤于锻炼，享受春日的暖阳。植物选择山樱花、红花碧桃、垂丝海棠、红叶李、日本晚樱等乡土植物，或适宜本地生长的引种植物。

夏景：夏树苍翠，植物经过春暖的复苏、生长，在夏季已亭亭玉立，在场地的西面主要栽植夏季葱郁、开花的植物，以此吸引居住区的游客进入公园纳凉、避暑，同时盛开的花朵带来夏日芬芳。植物选择广玉兰、香樟、黄桷树、黄葛兰、栀子、睡莲等。

秋景：秋高气爽，在春夏暖阳的照耀下，长日照植物经历了复苏、开花的阶段，短日照植物在这个季节却正处于生长的旺盛期。结合场地的地形与设计内容，在场地南面种植秋天色叶乔木、花、灌木，从而使该区域在秋收季节依然呈现繁花似锦、秋高气爽的情景。植物选择复羽叶栾树、银杏、枫香、波斯菊、向日葵、月见草等。

冬景：冬日绿洲，落叶植物在春、夏、秋的生长和发育中完成了春华秋实一年的生长季。冬季，这些植物就进入了休眠期，为翌年的生长储蓄能量。而常绿植物则依然保持青翠，在场地北面的保育林中补植乡土常绿植物，丰富植物的林冠线，同时突出冬日青翠的森林之美。植物选择桢楠、香樟、刺桐、重阳木等乡土乔木。

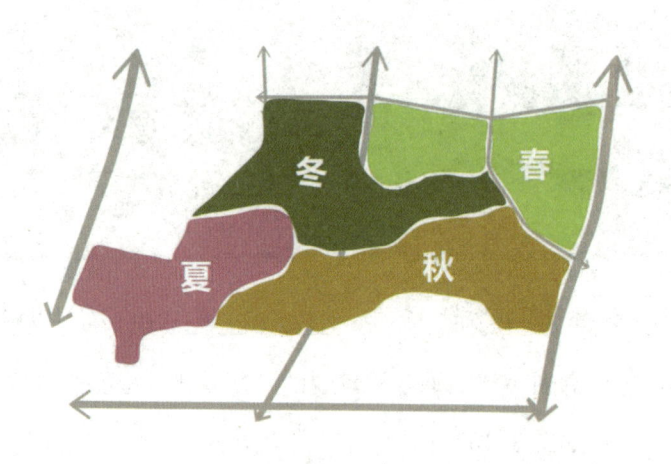

图 3-167 植物的四季设计分布图

（3）雨水管理设计策略

雨水收集利用能够涵养和补给城市地下水，减少雨水径流。利用城市中的水体、绿地可调节气候，遏制城市热岛效应，改善城市生态环境。设计策略分为湿地雨水管理和绿地雨水管理两方面。

湿地雨水管理：

通过湿地涵养，地表水的径流，运用湿地景观生态策略将降水收集起来，并净化水质。

绿地雨水管理：

绿地雨水的收集系统一般由生态草沟、收集区域、汇水点组成。

本项目设计的雨水收集策略着重于地面雨水管理，沿着园区主路两侧布置生态草沟，整个园区是个巨大的雨水收集场，汇集的雨水通过生态草沟汇集到池塘、水泡等储水空间。这样，使得每个独立池塘都蓄存有充足的水，以维持适当的植被灌溉，同时也为游客营造四季宜人的栖息生境景观（如图3-168）。

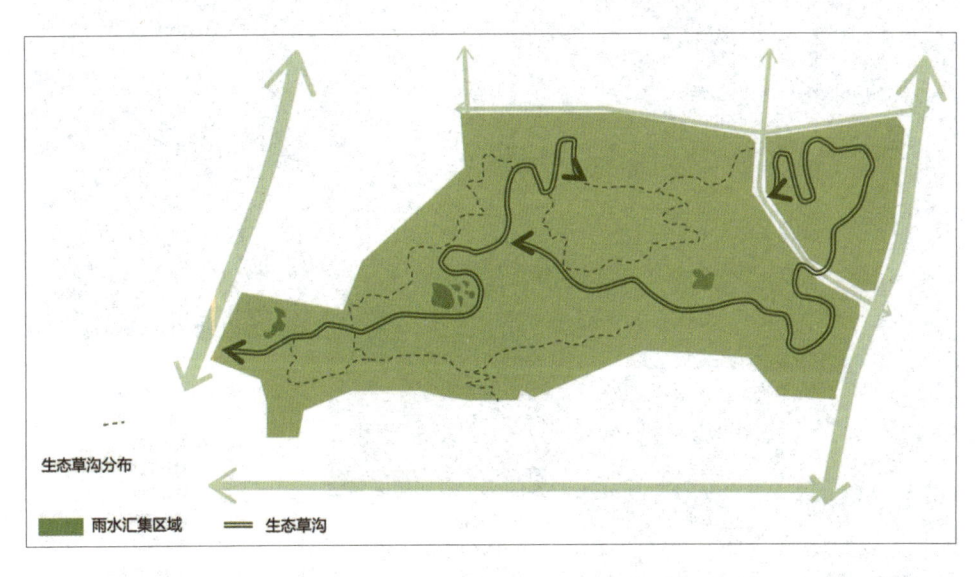

图3-168 生态草沟设计分布图

16.3.5 乡村跑马场设计

乡村跑马场设计包含森林马场、农耕体验区和户外运动区三大主体功能区。

（1）森林马场

森林马场包含欢乐跑马场、马驹别墅、骏马奔驰比赛、小马驹认养等活动功能（如图3-169）。修建马厩与管理用房需在上风向、环境条件较好的地方，以避免牲畜产生的生活垃圾影响办公环境。马厩要求净高大于5米，并靠近马场活动区，以便马匹出入活动场地。马场地面可设置为草地或沙地，以保护马蹄。

图 3-169 跑马欢乐区平面设计图

（2）农耕体验区

农耕体验区包含油菜花梯田观光、家庭耕作、牧场观光、果实采摘、农产品制作等活动功能。右侧延续场地原有基底，设置农业梯田，以租赁的形式租售给城市居民，让市民周末远离城市的喧嚣，体验耕种的乐趣，同时可以教育子女辛勤劳作的意义。在场地周围的树林中补植果树，增加场地农耕的乡土氛围。

（3）户外运动区

户外运动区包含射箭、五人足球、山地自行车、帐篷露营等活动功能。场地南侧规划为户外运动区，结合跑马场与农耕区活动场地的局限，在南侧规划宽敞的户外活动场地，既给游人提供宽广的活动空间，也给游人带来更多的活动体验。

16.4 运营策划研究

主要项目活动策划分为四个方面：生态保护与发展，优化环境，提升土地价值；商业项目多样化，打造特色，促进商业扩展；观光体验一体性，聚集人气，提高综合属性；景区项目信息化，结合电子优化商业发展。主要项目活动分为生态休闲、观光游览、户外活动、花海畅游、生态农场和度假酒店等六大类别（如图3-170），包含了九个具体运营项目（见表3-5）。

项目类别	盈利项目	盈利方式	约占地面积
生态休闲设施	茶室 零售	经营或出租	3000平方米
观光交通设施	环线观光车 云梯 自助交通工具	经营或出租	2000平方米
户外活动设施	帐篷营地 探险设备	经营或出租	3500平方米
花海畅游设施	门票 拍照 香精提炼	经营或出租	35000平方米
生态农场设施	果林采摘 家庭菜园	经营或出租	14000平方米
度假酒店	餐厅 酒吧 婚礼	经营或出租	20000平方米

图3-170 场地活动类别分布

表 3-5 运营项目策划

运营项目	活动方式
竹林茶室	竹林茶室主要经营满足游览者休憩需要,提供各类茶饮、餐点小吃、日用百货和旅游工艺品等
帐篷营地	提供帐篷等露营设备(帐篷、睡袋、防潮垫、手电等)、自助餐饮设备的租赁,场地周边提供餐饮、烧烤、上网、沐浴等消费服务
观光交通	通过观光车、自助交通工具来实现盈利
森林餐厅	餐厅提供丰富体验的相关服务,森林餐厅可以根据需要分设不同档次,来满足不同游览群体的消费需求
户外儿童活动场地	主要通过儿童娱乐设施盈利
山顶草甸滑草	在投入上主要是场地的建设和配套设备两方面,在运营上可以多方向发展娱乐项目,如滑草、滑车、旱地滑雪、射箭等
花海畅游	利用鲜花作为食材举办花宴,制作药材,提炼植物精油、天然香精香料,生产花蜜,制作画册、装饰画,以景区景点作为摄影基地
观光农场	发展特色餐饮是效益最高的项目;同时,注意投资的项目之间要有很强的关联性,资源互为循环利用,成本低,回报高
森林婚礼	森林婚礼较之常规婚礼需要打造以"森林、草地"为主题的特色婚礼形式,才能吸引年轻人来消费。在配套上需要与花海和森林餐厅等投资项目合作,打造一体化的商业环境

根据公园建设成本,以及对土地更好地开发利用,提升土地在生态保护、景观价值、商业投资等方面的价值,建议采用分期建设模式,分期、分区域、分项目滚动发展的原则,营业收入从建园开始分阶段估算(如图 3-171)。公

园收入主要靠各个经营项目和景点门票为主，从而形成了公园的两个发展阶段：保护—提升。

图 3-171 分期建设策略

参考文献

[1] 朱运海, 曹诗图. 论乡村旅游的乡村性及其景观表达 [J]. 湖湘论坛, 2020, 33(6): 134-143.

[2] 张小林. 乡村概念辨析 [J]. 地理学报, 1998, 53(4): 365-370.

[3] 魏红鹏. 浙江省东许村产业更新视角下的景观设计研究 [D]. 杭州: 浙江工业大学, 2017.

[4] 赵良. 景观设计 [M]. 武汉: 华中科技大学出版社, 2009: 3-4.

[5] 俞孔坚, 李迪华. 景观设计: 专业学科与教育 [M]. 北京: 中国建筑工业出版社, 2003: 6-7.

[6] 进士五十八, 铃木诚, 一场博幸. 乡土景观设计手法: 向乡村学习的城市环境营造 [M]. 李树华, 杨秀娟, 董建军, 译. 北京: 中国林业出版社, 2008.

[7] 杨新征. 乡村景观资源开发与乡村生态旅游的可持续发展 [J]. 乡镇经济, 2006(8): 58-60.

[8] 范建红, 魏成, 李松志. 乡村景观的概念内涵与发展研究 [J]. 热带地理, 2009, 29(3): 285-289.

[9] 贝尔格, Л С. 景观概念和景观学的一般问题 [M]. 中山大学地质地理系, 译. 北京: 商务印书馆, 1964.

[10] 韩丽, 段致辉. 乡村旅游开发初探 [J]. 地域研究与开发, 2000, 19(4): 87-89.

[11] 金其铭, 董昕, 张小林. 乡村地理学 [M]. 南京: 江苏教育出版社, 1990: 247-283.

[12] 王云才. 现代乡村景观旅游规划设计 [M]. 青岛: 青岛出版社, 2003.

[13] 刘滨谊. 人类聚居环境学引论 [J]. 城市规划汇刊, 1996(4): 5-11.

[14] 谢花林，刘黎明，李振鹏.城市边缘区乡村景观评价方法研究[J].地理与地理信息科学，2003，19(3)：101-104.

[15] 陈辰.近二十年国外乡村旅游研究进展：《Tourism Management》和《Annals of TourismResearch》文献分析[J].东南大学学报：哲学社会科学版，2011(13)：69-73.

[16] 张述林，李源，刘佳瑜.乡村旅游发展规划研究：理论与实践[M].北京：科学出版社，2003.

[17] 石鑫.生态美学视域下乡村旅游景观设计研究[J].四川戏剧，2021(10)：113-116.

[18] 吕勤智，黄炎.乡村景观设计[M].北京：中国建筑工业出版社，2020.

[19] 习近平.决胜全面建成小康社会 夺取新时代中国特色社会主义伟大胜利：在中国共产党第十九次全国代表大会上的报告[M].北京：人民出版社，2017：40.

[20] 向富华.乡村旅游开发：城镇化背景下"乡村振兴"的战略选择[J].旅游学刊，2018，33(7)：16-17.

[21] 孙志远.生态旅游视角下的乡村景观开发与保护研究：以广西为例[J].中国农业资源与区划，2017，38(8)：209-213.

[22] 张军以，周奉，王腊春.乡村旅游视野下乡土景观的界定、保护与发展问题辨析[J].资源开发与市场，2018，34(10)：1462-1465.

[23] 毕善华，黄磊昌，刘壮，等.北方乡村旅游景观设计研究[J].北方园艺，2018(7)：82-88.

[24] 仇叶.乡村旅游的景观制造逻辑与乡村产业发展路径：基于赣南C县梯田景观开发的实证调研[J].南京农业大学学报(社会科学版)，2022，22(2)：10-20.

[25] 薛芮，阎景娟.景观管理嵌入乡村旅游人地关系研究的应用框架建构[J].

地理科学进展，2022，41(3)：510-520.

[26] 尹妮.生态休闲消费需求视域下乡村旅游园林景观的营造策略[J].农业经济，2019(10)：48-49.

[27] 张琳，马椿栋.基于人居环境三元理论的乡村景观游憩价值研究[J].中国园林，2019，35(9)：25-29.

[28] 李周.乡村振兴战略背景下乡村休闲旅游的发展策略：兼论自然景观资源公益化[J].求索，2020(4)：14-21.

[29] 翟向坤，郭凌，张晓，等.旅游空间生产语境下的乡村文化景观失忆与重构研究：以成都市红砂村乡村旅游发展为例[J].湖北民族学院学报（哲学社会科学版），2017，35(2)：101-105.

[30] 张志锋.美丽乡村视角下大别山地区菌蕈文化特色景观营建与旅游开发[J].中国食用菌，2020，39(6)：67-69.

[31] 李玲斐.乡村文化旅游景观设计中的地域文化分析[J].环境工程，2021，39(5)：277.

[32] 李露，张玉钧.乡村生态旅游：城镇化进程中保持乡村景观乡土性特征的有效途径：以成都五朵金花为例（英文）[J].Journal of Resources and Ecology,2017,8(5)：485-493.

[33] 何燕，王建林，周爱斌.藏东南特色乡村生态旅游规划研究：以结巴村为例[J].高原科学研究，2019，3(3)：52-60.

[34] 陈敬芝.美丽乡村建设视野下我国农村生态旅游景观建设研究[J].农业经济，2019(4)：47-49.

[35] 李雪艳，吴言，时潇潇.乡村生态景观设计探究：以南京石塘村为例[J].装饰，2020(10)：130-131.

[36] 吴东荣，黄天芸，殷晓茵，等.低碳经济视域下乡村旅游景观设计策略[J].环境工程，2021，39(11)：232.

[37] 李兴振. 乡村生态旅游景观规划与设计[J]. 建筑结构, 2021, 51(15): 147–148.

[38] 邝玉春. 乡村生态旅游景观资源开发与规划研究[J]. 建筑经济, 2021, 42(2): 143–144.

[39] 张骏. 审美意境视角下乡村旅游景观设计探析: 以南京钱家渡村为例[J]. 美术大观, 2020(11): 144–146.

[40] 仲佳, 潘洪义, 郑渊博. 乡村旅游区的景观格局空间演变分析: 以成都市三圣乡为例[J]. 四川师范大学学报(自然科学版), 2017, 40(6): 817–823.

[41] 李珊珊. 美丽乡村视野下特色旅游村镇景观规划的原则与策略研究[J]. 农业经济, 2019(1): 61–63.

[42] 陈超. 特色小镇景观建设对接乡村旅游创新发展的推进策略[J]. 农业经济, 2020(3): 51–52.

[43] McH arg.I.L.An Ecological Method for Landscape Architecture. Landcape Architecttire[J].1967

[44] 任正晓. 农业循环经济概论[M]. 北京: 中国经济出版社, 2007.

[45] Baudry J and Merriam H G.Connectivity and connectedness: functional versus sttructural pattern in iandscapes[J].In: Schreiber K F eds. Connecticity in Landscape Ecology, Proceeding of the 2rd International Seminar of the "International Association for Landscape ecology" ,Munstersche Geographische Arbeiten 1988,39:43–47.

[46] Baudy J.Interaction between agricultural and ecological systems at the Lanscape leve[J].Arri. Ecosystem and Environmental 1989,27:19–130.

[47] 李鹏波, 雷大朋, 张立杰, 等. 乡土景观构成要素研究[J]. 生态经济, 2016, 32(7): 224–227.

[48] 郑文俊. 旅游视角下乡村景观价值认知与功能重构: 基于国内外研究

文献的梳理[J].地域研究与开发,2013,32(1):102-106.

[49] 张振兴.重庆乡村旅游景观新型发展模式探索[J].美与时代(上),2021(8):40-42.

[50] 刘娜.人类学视阈下乡村旅游景观的建构与实践[M].青岛:中国海洋大学出版社,2000.

[51] 田韫智.美丽乡村建设背景下乡村景观规划分析[J].中国农业资源与区划,2016,37(9):229-232.

[52] 徐中舒.论巴蜀文化[M].成都:四川人民出版社,2019.

[53] 岳宗英,李力.万州的文化构成与特色文化[J].重庆三峡学院学报,2019,35(4):8-16.

[54] 焦晶晶.视觉艺术设计在乡村旅游景区中的应用[J].环境工程,2021,39(4):242.

[55] 段会利.结合日本经验论我国乡村观光旅游产业的发展策略[J].农业经济,2017(9):35-37.

[56] 张振兴.探析重庆乡村旅游景观发展背景[J].现代园艺,2022,45(1):80-82.

[57] 郑文俊.旅游视角下乡村景观吸引力理论与实证研究[M].北京:科学出版社有限责任公司,2017.

[58] 张振兴.乡村振兴战略背景下乡村旅游景观新型发展模式设计探索:以重庆地区油菜花景观为例[J].吉林艺术学院学报,2021(1):11-15.

[59] 石临风,杨婉艺.生态乡村聚落景观艺术美学与文化旅游产业研究:以国外乡村景观与黔东南地区聚落生态景观为例[J].绿色科技,2020(3):24-25+29.

[60] 于莉.乡村旅游文化创意产业价值链运作模式研究[J].中国商贸,2010(26):156-157.

[61] 张振兴.重庆乡村旅游景观新型发展模式探索[J].美与时代（上），2021(8)：40-42.

[62] 李飞.基于乡村文化景观二元属性的保护模式研究[J].地域研究与开发，2011，30(4)：85-88.

[63] 陈茹茜.新农村建设背景下我国乡村旅游的现状与发展[J].农业经济，2011(12)：19-20.

[64] 孙新旺，李晓颖.从农业观光园到田园综合体：现代休闲农业景观规划设计[M].南京：东南大学出版社，2020.

后　记

在我国乡村振兴战略实施与加快乡村人居环境建设的时代背景下，乡村旅游的发展促进了"美丽乡村"景观建设、产业升级和人才回流，带动了城乡经济文化交流，景观生态价值得到提升。随着旅游市场回暖，全国各地乡村旅游将会迎来一波新的发展高峰，乡村旅游景观面临新的机遇与挑战。对于西南地区而言，随着中央关于推进"成渝地区双城经济圈建设"战略布局，两地在乡村人居环境基础建设、产业转型和旅游景观提升等方面会有越来越多的交集，川渝乡旅景观协同发展的机会日渐增多。

本学术著作系 2021 重庆市教育委员会人文社会科学研究项目"推动'成渝双城经济圈'建设背景下重庆乡村旅游景观提升策略研究"（21SKGH316）重要研究成果。在乡村旅游景观提升策略与实践研究过程中，重庆市教育委员会、重庆外语外事学院和艺术学院"重庆城乡环境提升创新团队"都给予了全力支持，与课题组成员协同创新，共同努力，充分发挥集体的智慧与力量，圆满地完成了阶段性研究工作。希望《"成渝双城经济圈"建设背景下的重庆乡村旅游景观提升策略研究与实践》一书对促进重庆乃至全国乡村旅游景观的建设发展，实现乡村旅游链、景观链、经济链、产业链和人才链的有机结合能够发挥积极的作用。